Printed in Great Britain
by Amazon

C000096798

80557906R00140

از دیر تا همیشه

برگزیدهٔ شعر فارسی
از قدیم‌ترین دوران تا مشروطیت

مقدمه، انتخاب و شرح حال شاعران از :
میمنت میرصادقی (ذوالقدر)

Bahar Books

www.baharbooks.com

Mirsadeghi (Zolghadr), Meimanat
From Antiquity to Eternity (Selected Poems): Persian Poetry from the Distant Past to the
Constitutional Movement / Meimanat Mirsadeghi (Zolghadr)

ISBN-10: 193909951X

ISBN-13: 978-1-939099-51-8

Published by Bahar Books, White Plains, New York

به دوستداران شعر فارسی،

در هر کجا که هستند.

سخنی چند با خوانندگان

تا نگویی سخنوران مردند
سر به آب سخن فرو بردند
چون بری نام هر که را خواهی
سر برآرد ز آب چون ماهی
« نظامی گنجوی »

این کتاب همانطور که از عنوان توضیحی آن بر می آید، برگزیده ای است از شعر فارسی از قدیم ترین دوران تا دورهٔ مشروطیت. هدف از فراهم آوردن این مجموعه، آشنا کردن خوانندگان علاقمند است با شعر گذشتهٔ فارسی در طول دوره ای که با شکل گرفتن اولین حکومت مستقل ایرانی بعد از حملهٔ اعراب شروع می شود و به انقلاب مشروطیت می انجامد.

از آنجا که در طول این دورهٔ طولانی، شعر فارسی فراز و نشیب های بسیاری را پشت سر گذاشته و تحت تاثیر اوضاع و احوال تاریخی و جغرافیایی، سیاسی، اجتماعی و فرهنگی، در شکل و زبان و محتوا دگرگونی های بسیار یافته است، ذکر تاریخ تحول شعر فارسی را (هرچند به اختصار) در مقدمهٔ این مجموعه ضروری دیدم، تا خواننده در مورد سیر تاریخی شعر فارسی و ویژگی هایی که در هر دوره یافته و سبک های گوناگونی که در آن پدید آمده است، اطلاعاتی به دست آورد. برای این که خواننده بتواند این ویژگی ها را در شعر شاعران به راحتی دنبال کند، برای تنظیم این مجموعه ترتیب تاریخی در نظر گرفته شد و از آنجا که تاریخ تولد بسیاری از شاعران گذشته نامعلوم است، تاریخ درگذشت آن ها ملاک قرار گرفت.

در مقدمهٔ شعرهای برگزیده از هر شاعر، معرفی مختصری از شاعر و همچنین اطلاعاتی در مورد ویژگی های شعر او داده شد تا خواننده شناختی از سرایندهٔ شعرها و شعر او بهدست آورد.

از آنجا که بخش بزرگی از شعر کلاسیک ما به خصوص در دوره های نسبتا طولانی انحطاط، آثاری است که به تقلید از شاعران ممتاز به وجود آمده و پدیدآورندگان آن ها بیشترمقلد تا مبتکر، در انتخاب شاعران این اصل مهم در نظر گرفته شد که کسانی انتخاب شوند که با شیوهٔ خاص خود راهی تازه در جریان شعر فارسی گشوده اند، یا شیوه ای خاص را به قله های اوج رسانده اند، یا دست کم شعرشان ویژگی های سبکی شعر دوره ای را که به آن تعلق دارند، به خوبی نشان دهد. با در نظر گرفتن این معیارها در نهایت برگزیده ای از شعر های ۲۱ شاعر در این کتاب فراهم آمد.

امیدوارم خوانندگان این مجموعه نه تنها از خواندن این شعرها لذت ببرند، بلکه با دقت در ساخت هنری و محتوا و معنای والای آن ها، شناختی از شعر گذشتهٔ فارسی و پدیدآورندگان آن بهدست آورند و این مجموعه مقدمه ای باشد برای مطالعات بعدی آن ها در زمینهٔ شعر فارسی و زبان های دیگر؛ مطالعاتی که ذوق هنریشان را پرورش دهد و آن ها را به شمّ هنری و دید انتقادی مجهز کند. تنها از طریق رسیدن به چنین حدی از شناخت و آگاهی است که می توان از آسان پسندی دور ماند و مانع رواج بازار ابتذال شد.

نگاهی به گذشتهٔ شعر فارسی

وجود گات ها « بخش منظوم اوستا » کتاب مقدس زرتشتیان، سابقهٔ شعر را در ایران به سه هزارسال پیش می رساند. سرایندهٔ گات ها شخص زردشت است که به احتمال زیاد حدود هزار سال پیش ازمیلاد می زیسته است. علاوه بر آن، اسناد و مدارک تاریخی از وجود گوسان ها یعنی شاعران نوازندهٔ دوره گردی خبر می دهد که در دورهٔ اشکانیان(۲۵۰ ق.م _۲۲۶ م) سروده هایشان را در جمع مردم و نیز محافل درباری می خواندند. ادامهٔ کار گوسان ها را در خنیاگران دورهٔ ساسانی(۲۲۶ _ ۶۵۲ م) می بینیم که یکی از ماهرترین آن‌ها یعنی باربَد در دربار خسرو پرویز (۵۹۵_۶۲۸ م) می زیست و بعضی از سروده های او که به خسروانی معروف شده، به دست ما رسیده است. اندرزهای منظومِ باقی مانده از دورهٔ ساسانیان و سرودهای مانی (۲۱۶_۲۷۶ م) پیشوای دین مانوی و پیروان او نیز نشانهٔ وجود و استمرار شعر در ایران پیش از اسلام است.

باید دانست که همهٔ این آثار به زبان های متداول در ایرانِ پیش از اسلام سروده شده و اگرچه زبان فارسی* یعنی زبانی که بعد از اسلام در ایران رواج یافت، ادامه و شکل تحول یافتهٔ یکی از زبان های متداول در ایران پیش از اسلام است، شعر فارسی وزن و قواعد و بسیاری از قالب های خود را از شعر زبان عربی گرفت. چرا که ادیبان ایرانی در طول نزدیک به دو قرنی که از غلبهٔ اسلام می گذشت، بر زبان عربی که زبان رسمی واداری ایران شده بود، به خوبی تسلط یافته بودند و کتاب های فراوانی به این زبان نوشته بودند. همین تسلط بر زبان عربی و آشنایی با قواعد و وزن متداول شعر عربی باعث شد که شاعرانی که می خواستند به زبان فارسی شعر بگویند، به جای وزن هجاییِ متداول در دوران پیش از اسلام، عروض معمول در شعر عربی را اقتباس کنند و به تدریج وزن های متداول در آن زبان را برای هماهنگ شدن با زبان فارسی توسعه دهند و عروض خاص زبان فارسی را شکل دهند.

قدیمی‌ترین اثر منظومی که به زبان فارسی در دست است، چند بیتی از قصیده‌ای است که محمدبن وصیف سَگزی دبیر یعقوب لیث صفاری در سال ۲۵۱ قمری در مدح او سروده است. بنابراین سابقهٔ شعر فارسی به اواسط قرن سوم هجری می رسد؛ دوره‌ای که نخستین حکومت مستقل ایرانی یعنی سلسلهٔ صفاری (۲۴۷ _ ۲۹۸ ق) در مشرق ایران تشکیل شد و زبان فارسی در دستگاه حکومت رسمیت یافت.

با روی کار آمدن سامانیان (۳۶۱_ ۳۸۹ ق) که قلمروی وسیع تر از صفاریان داشتند و حکومتی مقتدر در خراسان تشکیل دادند، شعر فارسی رشد و رونق بیشتری گرفت. اگرچه حجم بسیار اندکی از آثار این دوره باقی مانده، اما تعدد نام شاعران و تنوع مضمون و موضوع و قالب های این آثار از رشد شعر فارسی در دورهٔ سامانیان خبر می دهد. ابوشکور بلخی (اواسط قرن چهارم) ابومنصور محمد دقیقی (۳۶۸ ؟ ق)، کسایی مروزی (۳۴۱ _ ۳۹۴ ؟ ق) و رابعهٔ قُزداری (قرن چهارم هجری)، شهید بلخی (متوفی۳۲۵ ق) و رودکی

---

* این زبان که از همان نخستین دوران رسمیت یافتن، پارسی و فارسی و پارسی دری (در تقابل با عربی و پهلوی) نامیده شده، در اصل لهجه مشترک نواحی مشرق ایران بود که در دوره ساسانیان همراه با زبان پهلوی به عنوان زبان ادبی به کار می رفت و آثار بسیار اندکی مربوط به آن دوره از آن باقی مانده است.

(متوفی ۳۲۹ ق) برجسته ترین شاعران این دوره اند.

رشد و رونق شعر فارسی با تشکیل سلسلهٔ غزنوی (۳۶۶_۵۸۳ ق) به خصوص در دورهٔ حکومت سلطان محمود و پسرش سلطان مسعود همچنان ادامه یافت. فرخی(متوفی ۴۲۹ ق)، منوچهری (متوفی ۴۳۲ ق)، فردوسی (متوفی حدود ۴۱۱ ق)، فخرالدین اسعد گرگانی (متوفی اندکی بعد از ۴۴۶ ق)، ناصرخسرو قبادیانی (۳۹۴_۴۸۱ق)، مسعود سعد سلمان (حدود ۴۳۸ _ ۵۱۵ق) به این دورهٔ پررونق تعلق دارند. خاستگاه اغلب شاعران دورهٔ سامانی و غزنوی نواحی مشرق ایران یعنی خراسان بزرگ (شامل خراسان کنونیِ ایران و افغانستان) و نیز ماوراءالنهر (جمهوری های ترکمنستان، ازبکستان، تاجیکستان و قرقیزستان امروزی) بود. یکسان بودن موقعیت جغرافیایی و اوضاع و احوال اجتماعی، شیوهٔ سرودن شعرهای اغلب این شاعران را به هم نزدیک کرد. سادگی زبان و همچنین توجه به توصیف طبیعت و شرح حالات و احساسات شخصی، با زبانی بی پیرایه و یک رویه، این شیوه را مشخص می کند که بعدها سبک خراسانی نام گرفت.

با قدرت گرفتن حکومت‌های مستقل سلجوقیان(۴۲۹ _ ۵۵۲ ق) و خوارزمشاهیان (۵۲۱ _ ۶۲۸ ق) و توسعهٔ قلمرو آن ها از مشرق ایران به نواحی مرکزی و غربی، حوزهٔ تداول زبان فارسی نیز وسعت گرفت. همین امر باعث آمیختن زبان فارسی با لهجه های رایج در نواحی جدید و همچنین با زبان عربی (به علت نفوذ روز افزون دین اسلام و فرهنگ اسلامی) شد که زبان فارسی را غنی‌تر و تواناتر کرد و همهٔ این عوامل بر شعر فارسی تاثیر گذاشت. در همین دوره است که با ظهور سنایی (متوفی ۵۲۹ ق) شاخهٔ بسیار مهم شعر عرفانی به وجود آمد و به زودی رشد و تعالی یافت.

در حقیقت در این دوره شعر فارسی در حوزه ای بسیار وسیع از خراسان تا نواحی مرکزی و غربی و شمال غربی (آذربایجان) سروده می شد و طبیعتا در حوزه‌ای با این وسعت تنوع بسیاری یافت. بیشتر شاعران مهم ایران در این دورهٔ تاریخی طولانی و از این حوزهٔ وسیع جغرافیایی برخاسته اند. خیام نیشابوری (متوفی ۵۱۵ یا ۵۱۷ ق)، سنایی غزنوی (۴۶۷ _ ۵۲۹ ق)، انوری (؟ _ ۵۸۳ ق)، خاقانی (۵۲۰ _۵۹۱ ق)، نظامی گنجوی (حدود ۵۳۰_ حدود ۶۱۴ ق)، ظهیر الدین فاریابی (متوفی ۵۹۸)، جمال الدین محمدبن عبدالرزاق اصفهانی (متوفی ۵۸۸ ق) و بالاخره عطار نیشابوری (؟ _ حدود ۶۱۸ ق) شاعران پرورش یافته در این دوران هستند.

هرچند در آثار بعضی از این شاعران، خصوصیات سبک خراسانی همچنان محفوظ ماند، اما شعر اغلب شاعرانی که از نیمهٔ دوم قرن ششم تا اواخر قرن نهم ظهور کردند، ویژ گی های زبانی و محتوایی تقریبا مشترکی یافت که بارزترین آن ها زبان غنی و پخته و سرشار از کلمات و اصطلاحات عربی و ترکی بود. شاعران صنایع شعری را به فراوانی به کار می بردند و با تکیه بر علوم و فنونی که بر آن آگاهی داشتند، مضمون ها و تصویرهای شعرهای خود را می ساختند. درهمین دوره اخلاق و عرفان موضوع شعر بسیاری از شاعران قرار گرفت و سادگی و صراحت زبان دورهٔ پیشین، جای خود را به قدرت و استحکام و درعین حال پیچیدگی داد.

این شیوهٔ شعری بعدها سبک عراقی نام گرفت، زیرا بیشتر شاعران این دوره به نواحی مرکزی و غربی ایران

که در جغرافیای قدیم، عراق عجم نامیده می شد، تعلق داشتند.

حملهٔ چنگیزخان مغول در اوایل قرن هفتم که باعث از میان رفتن حکومت مقتدر خوارزمشاهیان شد و تشکیل سلسله های کوچک و بزرگ ایلخانیان و تیموریان را به دنبال داشت، اوضاع اجتماعی و سیاسی ایران را به کلی دگرگون کرد و شعر و ادبیات را از رشد باز داشت. حتی دورهٔ نسبتا آرام حکومت تیموریان (۷۷۱ _ ۹۱۱ق) و تلاش پادشاهان این سلسله برای رشد و رونق ادبیات و فرهنگ ایرانی نیز نتوانست شعر فارسی را به وضعیت درخشان دوران پیش از حملهٔ مغول برگرداند. بیشتر شاعران با زبانی که از استحکام و ظرافت شاعران پیشین، بهره ای نداشت، می کوشیدند مضمون ها و موضوع های گذشتگان را تکرار کنند و حاصل کار اغلب آن ها شعرهایی سست و کم مایه بود. در این دوره تنها شعر عرفانی مجالی برای رشد یافت. اما به جز مولوی (۶۰۴ _ ۶۷۲ ق) شاعر برجستهٔ دیگری در این زمینه ظهور نکرد و وجود چهره های درخشانی چون سعدی (حدود ۶۰۶ _ ۶۹۱ یا ۶۹۴ ق) و حافظ (متوفی ۷۹۱ق) در طول این دورهٔ رکود فرهنگی و ادبی که بیش از صدسال به درازا کشید، استثناهایی شگفت انگیز است.

فخرالدین عراقی (۶۱۰ _ ۶۸۸ ق)، اوحدی مراغی (متوفی ۷۳۸ ق)، خواجوی کرمانی (۶۸۹ _ ۷۵۰ ق)، سیف الدین فرغانی (متوفی نیمهٔ اول قرن هشتم)، ابن یمین فریومدی (متوفی ۷۶۹ ق)، عبید زاکانی (متوفی ۷۷۱ق) و نورالدین عبدالرحمن جامی (۸۱۷ _ ۸۹۸ ق) که از اواخر قرن هفتم تا اواخر قرن نهم ظهور کردند، شیوهٔ تازه ای در شعر ابداع نکردند.

رکود شعر فارسی با روی کار آمدن حکومت صفویان (۹۰۷ _ ۱۱۴۸ق) شکل دیگری به خود گرفت. مهاجرت شاعران ایرانی به آسیای صغیر (ترکیهٔ امروز) و از آن بیشتر به هندوستان اگرچه مایهٔ رواج شعر فارسی در خارج از ایران شد، اما زبان اصیل و سالم و رنگ فرهنگ ایرانی را از آن گرفت. شاعران مهاجر ایرانی و شاعران بومی که تحت تاثیر آن ها شعر می سرودند، بسیار بودند، اما تعداد کمی از آن ها از فرهنگ و تربیت ادبی بهرهٔ کافی داشتند و چون بیشتر به دنبال خلق مضمون های غریب و کشف روابط دور از ذهن بین اشیاء و مفاهیم بودند و سعی داشتند این همه را در یک بیت بگنجانند، اغلب شعرهایی گنگ و مبهم سرودند. با این حال بعضی از این شاعران که زبان رساتری داشتند، تک بیت های بسیاری را به صورت ضرب المثل وارد زبان فارسی کردند.

از آن جا که شاعران فارسی زبان در این دوره بیشتر در هند می زیستند، شیوهٔ آن ها را در سرودن شعر سبک هندی نام داده اند. از میان انبوه شاعران این دورهٔ دویست ساله این چند نام شهرت یافته اند: بابافغانی (متوفی ۹۲۵ ق)، وحشی بافقی (متوفی ۹۹۱ ق)، محتشم کاشانی (متوفی ۹۹۶ ق)، طالب آملی (متوفی ۱۰۳۵ ق)، کلیم کاشانی (متوفی ۱۰۶۲ ق)، صایب تبریزی (۱۰۱۶_۱۰۸۱ ق) و میرزا عبدالقادر بیدل دهلوی (۱۰۵۴ _ ۱۱۳۳ق).

پس ازسقوط صفویان و به سررسیدن دورهٔ آشوب پنجاه سالهٔ حکومت افشاریه و زندیه، با تشکیل دولت قاجاریه (۱۱۹۳ _ ۱۳۴۴ق) دوره ای نسبتا آرام به وجود آمد و شاعران و ادیبان ایرانی، دلزده از وضع ناهنجار شعر، فرصتی به دست آوردند تا برای نجات شعر فارسی چاره ای بیندیشند. آن ها بیش از هر چیز به تعلیم و

پرورش ادبی شاعران و الگو برداری از شیوهٔ شاعران قرن پنجم و ششم توجه نشان دادند. تلاش سنجیدهٔ آن‌ها که به نهضت بازگشت ادبی معروف است، اگرچه سدی برای جلو گیری از ابتذال و انحطاط بیش از حد شعر فارسی شد، چون برخاسته از تحولی اساسی در محیط اجتماعی و فرهنگی جامعه نبود، آن چنانکه باید در شعر تحولی ایجاد نکرد. شاعرانی چون فتحعلی خان صبا (متوفی ۱۲۳۸ ق)، میرزا عبدالوهاب نشاط (۱۱۷۵_ ۱۲۴۴ق)، مجمر کاشانی (متوفی ۱۲۲۵ق)، وصال شیرازی (۱۱۹۲_ ۱۲۶۲ ق)، سروش اصفهانی (متوفی ۱۲۸۵ ق)، قاآنی (متوفی ۱۲۷۰)، فروغی بسطامی (متوفی ۱۲۷۴ ق)، یغمای جندقی(متوفی ۱۲۷۵ ق) در نهایت قصیده ها و غزل هایی تقلیدی که البته زبانی پاکیزه و محکم داشت، به کارنامهٔ شعر فارسی افزودند.

در اواخر دورهٔ قاجار با آشنایی گروهی از اندیشمندان ایرانی با فرهنگ اروپا که منجر به انقلاب مشروطیت شد، شعر فارسی از رخوتی چند صدساله رهایی یافت و به دنبال تحول اجتماعی و سیاسی قابل توجهی که درآن سال ها پیش آمد، هم در محتوا و هم در زبان به سرعت از شعر دوره های پیش فاصله گرفت. با ظهور شاعرانی چون سید اشرف گیلانی (۱۲۴۹ _ ۱۳۱۳ ش)، علی اکبر دهخدا (۱۲۵۹ ؟ _۱۳۳۴ش) ملک الشعرا محمدتقی‌بهار(۱۲۶۵ _ ۱۳۳۰ ش)، محمد فرخی یزدی(۱۲۶۷_ ۱۳۱۸ش)، ابوالقاسم لاهوتی (۱۲۶۶ _ ۱۳۳۵ ش) و میرزادهٔ عشقی (۱۲۷۲ _ ۱۳۰۳ ش) شعرهایی متفاوت با گذشته خلق شد که شعر مشروطیت نام گرفت.

از این دوره به بعد است که شاعران ایرانی به ضرورت بیان مضامین و مفاهیم تازه ای که می خواستند بیان کنند، بسیاری از قید و بندهای دست و پاگیر شعر سنتی را کنار گذاشتند و با تلاش و همت نیما یوشیج (۱۲۷۶_۱۳۳۸ ش) و پیروانش شعر فارسی به تحولی اساسی دست یافت که حاصل آن به « شعر نو» معروف شد. شاعران برجسته‌ای چون نیما یوشیج (۱۲۷۶_۱۳۳۸ش)، احمد شاملو (۱۳۰۴_۱۳۷۹ش)، مهدی اخوان ثالث (۱۳۰۷_۱۳۶۹ش)، نادر نادر پور (۱۳۰۸_۱۳۷۸ش)، سهراب سپهری (۱۳۰۷_۱۳۵۹ش)، اسماعیل خویی (۱۳۱۵ _   )، فروغ فرخزاد (۱۳۱۳ _ ۱۳۴۵ش) و محمد رضا شفیعی کدکنی (۱۳۱۸   ) شعر فارسی را در ادامهٔ تاریخ پر فراز و نشیب خود زنده و بارور کردند.

در سه دههٔ اخیر، انبوهی از شاعران جوان و تازه نفس وارد عرصهٔ شعر شده اند. گروهی به شعر سنتی به خصوص قالب های غزل و رباعی رو کرده اند و خواسته اند با انتخاب زبانی ساده و نزدیک به زبان محاوره راهی متفاوت با شعر سنتی گذشته در پیش بگیرند و جمعی دیگر کوشیده اند با دور شدن از اصول شعر نیمایی، شیوه هایی تازه و نوظهور عرضه کنند. متاسفانه هیچکدام ازاین دو شیوه در کوشش های خود موفق نبوده اند و نتوانسته اند حتی چند قطعهٔ برجسته به کارنامهٔ شعر فارسی بیفزایند. به نظر می رسد پایان گرفتن وضعیت نابه سامان شعر امروز ایران پیش و بیش از هرچیز، نیاز به تغییر و تحولی اساسی در ساختار اجتماعی و فرهنگی جامعه دارد.

رودکی، ابوعبدالله جعفر

؟ ـ ۳۲۹ ق

ابوعبداله جعفربن محمد شاعر برجسته قرن چهارم در روستای بَنُج واقع در ناحیهٔ رودک در نزدیکی سمرقند (واقع در ازبکستان امروزی) بهدنیا آمد. تاریخ تولد او احتمالاً در اواسط قرن سوم هجری قمری است. رودکی از شاعران دربار امیرنصربن احمد، از پادشاهان سامانی بود و این پادشاه و بسیاری از بزرگان دربار او را مدح کرد. وفات او در سال ۳۲۹ قمری (اواسط قرن دهم میلادی) در روستای محل تولدش اتفاق افتاد و در همانجا به خاک سپرده شد.

از آثار فراوان رودکی، حجم بسیار اندکی به دست ما رسیده است. از آن جمله از «سندبادنامه» و «کلیله و دمنه» ای که به نظم درآورده بود، تنها چند بیت بهجا مانده است.

زبان شعر رودکی زبانی ساده و کهنه است و شکل قدیمی تر کلمات فارسی در آن محفوظ مانده است. رودکی با این زبان ساده و طبیعی و با استفاده از تشبیه، هم حالات انسانی و هم اجزای طبیعت را به زیبایی توصیف می کند. محتوای شعرهای او علاوه بر مدح، وصف روحیهٔ شادی و طربی است که در شعر اغلب شاعران هم دورهٔ او دیده می شود و نشان از امنیت و رفاهی می دهد که در جامعهٔ دوران او، برای شاعران فراهم بوده است، با این همه او نیز از عوارض طبیعی سالخوردگی و نابینایی(که ظاهراً در اواخر عمر به آن دچار شده است) مصون نمانده و آن ها را نیز با همان زبان ساده و طبیعی در شعر خود با استادی تمام، توصیف کرده است. رودکی آوازی خوش داشته و در نواختن چنگ ماهر بوده و چنانکه مشهور است شعر های خود را همراه با نواختن چنگ می خوانده است.

رودکی را به سبب تاثیری که در شعر فارسی داشته است، «پدر شعر فارسی» لقب داده اند.

مرا بسود و فرو ریخت هرچه دندان بود...

مرا بسود^۱ و فروریخت هرچه‌دندان بود
نبود دندان لابل^۲ چراغ تابان بود

سپید سیم^۳ زَده^۴ بود و درّ و مرجان بود
ستارهٔ سحری بود و قطره‌باران بود

یکی‌نماند کنون زان‌همه، بسود و بریخت
چه نحس بود همانا که نحس کیوان^۵ بود

نه نحس کیوان بود و نه روزگار دراز
چه بود؟ مَنْت بگویم قضای یزدان بود

جهان‌همیشه چنین‌است گرد و گردانست
همیشه تا بُوَد آیین گرد گردان بود

همان که درمان باشد به جای درد شود
و باز درد همان کز نخست درمان بود

کهن کند به زمانی همان کجا^۶ نو بود
و نو کند به‌زمانی همان که خُلقان^۷ بود

---

۱. سودن: ذره ذره اجزای چیزی از سطح بیرونی آن کنده شدن و به تدریج از جرم آن کاسته شدن.

۲. لابل: نه، بلکه

۳. سیم: نقره

۴. زده: مسکوک، به صورت سکه در آمده.

۵. کیوان: ستاره زحل، ششمین سیاره منظومهٔ شمسی به نسبت فاصله از خورشید. در قدیم آن را نحس می‌دانستند.

۶. کجا: که

۷. خُلقان: کهنه، فرسوده، جمع خَلَق، معمولاً در معنی مفرد به کار می‌رود.

بسا شکسته بیابان که باغ خرّم بود
و باغ خرم گشت آن کجا بیابان بود

همی چه دانی ای ماهروی مشکین‌موی
که‌حال‌بنده ازین پیش بر چه سامان بود

به زلف‌چوگان[۱] نازش‌همی کنی تو بدو
ندیدی‌آنگه‌او را که‌زلف، چوگان بود

شد آن زمانه که‌رویش‌بسان دیبا بود
شدآن‌زمانه که‌مویش‌بسان‌قَطران[۲] بود

بسا نگار که‌حیران بُدی بدو در ، چشم
به روی‌او در، چشمم‌همیشه حیران بود

شد آن زمانه که او شاد بود و خرم بود
نشاط او به‌فزون بود و غم به نقصان بود

نبیدِ[۳] روشن‌و دیدار خوب‌و روی‌لطیف
اگر گران‌بُد ، زی من همیشه ارزان بود

دلم خزانهٔ پرگنج بود و گنج، سخن
نشان نامهٔ ما مِهر و شعر عنوان بود

همیشه‌شاد وندانستمی که‌غم‌چه بُوَد
دلم‌نشاط و طرب‌را فراخ میدان بود

---

۱. چوگان: در اصل چوبی سرکج که در بازی چوگان به کار می رفت و مجازاً زلف تابدار.
۲. قطران: فرآوردهٔ سیاه رنگی که از تقطیر زغال سنگ، چوب، نفت خام یا سایر موادآلی به دست می آید.
۳. نبید: شراب

بسا دلا که بسان حریر کرده به شعر
از آن سپس که به کردار سنگ و سندان بود

همیشه چشمم زی[1] زلفکان چابک بود
همیشه گوشم زی مردم سخندان بود

عیال[2] نی[3]، زن‌وفرزندنی، مؤونت[4] نی
ازین همه تنم آسوده بود و آسان بود

تو رودکی را ای ماهرو کنون بینی
بدان زمانه ندیدی که این چنینان بود

بدان زمانه ندیدی که در جهان رفتی
سرودگویان گویی هزاردستان[5] بود

شد آن زمانه که شعرش همه جهان بنوشت
شد آن زمانه که او شاعر خراسان بود

کنون زمانه دگر گشت و من دگر گشتم
عصا بیار که وقت عصا و انبان[6] بود

۱. زی: به طرف
۲. عیال: افراد تحت سرپرستی یک نفر
۳. نی: نیست، نبود
۴. مؤونت: خرج، هزینه
۵. هزاردستان: هزارآوا، بلبل
۶. انبان: کیسه ای که از پوست دباغی شده درست شده است.

ای آنکه غمگنی و سزاواری...

ای آنکه غمگنی و سزاواری

وندر نهان سرشک همی باری

رفت آنک رفت و آمد آنک آمد

بود آنکه بود خیره[۱] چه غم داری

هموار کرد خواهی گیتی را

گیتی ست کی پذیرد همواری

مُستی[۲] مکن که نشنود او مُستی

زاری مکن که نشنود او زاری

شو تا قیامت آید زاری کن

کی رفته را به زاری باز آری

آزار بیش زین گردون بینی

گر تو بهر بهانه بیازاری

گویی گماشته است بلایی او

بر هر که تو بر او دل بگماری

---

۱ . خیره: بیهوده

۲ . مُستی: گله، شکایت

ابری پدید نی[۱] وکسوفی[۲] نی
بگرفت ماه و گشت جهان تاری

تا بشکنی سپاه غمان بر دل
آن به‌که می بیاری‌وبگساری[۱]

اندر بلای سخت پدید آرند
فضل‌و بزرگ‌مردی و سالاری

زمانه پندی آزادوار داد مرا ...

زمانه پندی آزادوار داد مرا
زمانه چون نگری سر به سر همه پندست

به روز نیک کسان گفت تا تو غم نخوری
بسا کسا که به روز تو آرزومندست

زمانه گفت مرا، خشم خویش دار نگاه
کرا زبان نه به بندست، پای در بندست

۱. نی: نبود، نیست
۲. کُسوف: خورشیدگرفتگی

شاد زی با سیاه چشمان شاد...

شاد زی با سیاه چشمان شاد　　که جهان‌نیست‌جز فسانه‌و باد

ز آمده تنگ دل نباید بود　　وز گذشته نکرد باید یاد

من و آن جَعد[2] موی‌غالیه[3] بوی　　من و آن ماه‌رویِ حورنژاد

نیکبخت آن کسی که داد و بخورد　　شوربخت آن که او نخورد ونداد

بادو ابرست این جهان و فسوس[4]　　باده پیش آر هرچه باداباد

بوی‌جوی مولیان آید همی... *

بوی جوی مولیان[5] آید همی　　بوی یار مهربان آید همی

ریگ آموی[6] و درشتی راه او　　زیر پایم پرنیان آید همی

آب جیحون‌از نشاطِ رویِ دوست　　خِنگ[7] ما را تا میان آید همی

ای بخارا[8] شاد باش و دیر زی　　میر زی تو شادمان آید همی

میر ماه است و بخارا آسمان　　ماه سوی آسمان آید همی

میر سرو است و بخارا بوستان　　سرو سوی بوستان آید همی

---

۱ . گُساردن: نوشیدن، آشامیدن

۲ . جَعد : موی تاب دار

۳ . غالیه: مادهٔ خوشبو و سیاه رنگ مرکب از مشک، عنبر و بان و چند مادهٔ خوشبوی دیگر که زنان برای معطر کردن و سیاه کردن مو به کار می بردند.

۴ . فسوس: هر چیز بی اهمیت، غیرجدی و بیهوده.

* . در مورد علت سرودن این شعر در کتاب « چهار مقاله »(۵۵۱) نوشتهٔ نظامی عروضی حکایتی آمده که بر اساس آن در یکی از سال هایی که امیر نصربن احمد سامانی برای گذراندن تابستان به هرات رفت، به علت خوشی آب و هوا یکی دو سال در آنجا ماند. اطرافیان شاه که دوست داشتند به بخارا برگردند، از رودکی خواستند تا شاه را به بازگشت به بخارا برانگیزد. رودکی این شعر را سرود و همراه با نواختن چنگ آن را در مجلس امیر خواند و او چنان تحت تاثیر قرار گرفت که بی آنکه کفش به پا کند، سوار بر اسب شد و به طرف بخارا تاخت. اگر این حکایت واقعیت تاریخی هم نداشته باشد، نشانهٔ شهرت تاثیر شاعری و نوازندگی رودکی تا دو قرن بعد از مرگ اوست .

۵ . جوی مولیان: محلی خرم و باصفا در حومه شهر بخارا.

۶ . آموی یا آمویه: نام دیگر رودخانه جیحون است در بخشی از خراسان قدیم که امروزه جمهوری ترکمنستان است.

۷ . خِنگ: اسب سفید

۸ . بخارا: از شهرهای ماورالنهر واقع در ازبکستان امروز.

چهار چیز مر آزاده را زغم بخرد...

چهار چیز مر[۱] آزاده را ز غم بخرد
تنِ درست و خوی نیک و نام نیک و خِرَد
هر آن‌که ایزدش این هر چهار روزی کرد
سزد که شاد زید جاودان و غم نخورد

من‌موی‌خویش را نه از آن می کنم سیاه...

من‌موی‌خویش‌را نه از آن می‌کنم سیاه   تا باز نوجوان شوم و نو کنم گناه
چون جامه‌ها به وقت مصیبت سیه کنند   من موی از مُصیبتِ پیری‌کنم سیاه

می لعل پیش آر و پیش من آی ...

می لعل پیش آر و پیش من آی   به‌یک‌دست‌جام‌و به‌یک دست چنگ
از آن می مَرا دِه که از عکس او   چو یاقوت گردد به فرسنگ ، سنگ

---

۱. مر: نشانه ای که در قدیم پیش از مفعول می آمده است.

فردوسی، ابوالقاسم‌حسن

۳۲۹؟- ۴۱۱ ق ؟

حکیم ابوالقاسم حسن‌بن علی(در بعضی منابع منصور بن‌حسن) فردوسی در حدود سال   ۳۲۹ قمری در روستای باژ در ناحیهٔ توس خراسان به دنیا آمد. فردوسی از خاندان دهقانان خراسان بود. این‌طبقه خرده مالکانی بودند که در دورهٔ پیش از اسلام و نیز در دورهٔ اسلامی تا اواخر قرن چهارم هجری، مسئولیت ادارهٔ امور محلی روستاها را برعهده داشتند. علاقهٔ فردوسی به تاریخ نیاکان و فرهنگ ایرانی انگیزهٔ او در منظوم‌کردن داستان‌هایی شد که از ایران پیش از اسلام به صورت مکتوب یا شفاهی باقی مانده بود. بخش بزرگی از این‌داستان ها، اندکی پیش از آن به همت جمعی از بزرگان خراسان در کتابی به نام «شاهنامه» فراهم آمده بود. این شاهنامه به صورت نثر بود و کار به نظم در آوردن آن را دقیقی (مقتول ۳۶۸ ق) شاعر دربار چغانیان آغاز کرده بود. پس از کشته شدن او فردوسی نزدیک به سی و پنج سال از عمر خود را بر سر منظوم‌کردن این‌کتاب گذاشت و ۱۰۰۰ بیتی را که دقیقی سروده بود در شاهنامهٔ خود گنجاند. علاوه بر آن، داستان‌های پراکنده‌ای را که خود از منابع دیگر به دست آورده بود، به شاهنامهٔ منثور افزود و شاهکار خود « شاهنامه » را در نزدیک به ۵۰۰۰۰ بیت خلق‌کرد.

دوران زندگی فردوسی مقارن است با حکومت آخرین پادشاهان سامانی و به قدرت رسیدن سلطان محمود پادشاه مقتدر سلسلهٔ غزنوی. فردوسی اثر خود را بعد از اتمام به سلطان محمود اهدا کرد، اما آن‌گونه‌که در شأن او و اثر عظیم او بود، مورد توجه قرار نگرفت و مایهٔ دلشکستگی و رنجش فردوسی شد.

شاهنامه مجموعه‌ای از اساطیر ایرانی و زندگانی شاهان و پهلوانان افسانه‌ای و نیز تاریخی ایران را تا انقراض ساسانیان در بر دارد. ارزش ادبی و هنری شاهنامه حاصل دقت فردوسی در انتخاب‌کلمات و نمایش دقیق صحنه‌های حوادث و همچنین مهارت او در نشان دادن حالت‌های روحی شخصیت‌های داستان‌هاست. تصویرهایی‌که فردوسی برای نشان دادن طبیعت و نیز صحنه‌های حوادث به‌کار می‌برد، اغلب برگرفته از عناصر ملموس و مادی است و با فضای حماسی و پر جنب و جوش اثر او هماهنگی دارد. فردوسی با انتخاب وزن و زبان مناسب، اثر خود را بدل به شاهکاری جاودان کرده‌است.

در قرن پنجم و ششم بر اثر نفوذ حکومت خلفای عباسی و سلسله‌های دست نشاندهٔ آن‌ها یعنی سلجوقیان و خوارزمشاهیان، فردوسی و شاهکار ادبی او در ادبیات رسمی فارسی، تقریباً به دست فراموشی سپرده شده بود، اما با برچیده شدن حکومت عباسیان و روی‌کار آمدن سلسله‌های ایلخانی و تیموری، شاهنامه مورد توجه دربارهای پادشاهان مغول و اهل ادب و فرهنگ قرار گرفت. از جمله یکی از شاهزادگان سلسلهٔ تیموری، بایسُنقُر پسر شاهرخ دستور به فراهم‌آوردن شاهنامه داد که تا امروز به نام او معروف‌است.

اما شاهنامه در میان مردم عادی چه باسواد و چه بی سواد از همان روزگار فردوسی تا امروز، همواره محبوبیت و معروفیت خود را حفظ کرده است و قهرمان‌های آن‌در فرهنگ مردم فارسی‌زبان زنده و با آن‌ها همراه بوده‌اند. در طول قرن‌ها، نقالان و شاهنامه‌خوانان وسیلهٔ رواج این‌کتاب در میان مردم عادی بودند. منبع اصلی برای فراهم آوردن شاهنامه بایسُنقری را همین شاهنامه‌خوانان و نقالان دانسته‌اند.

شاهنامه برای ایرانیان هم به عنوان بزرگترین شاهکار ادبی زبان فارسی و هم به مثابهٔ نشانه و سند عظمت ملی پیوسته مورد احترام و افتخار بوده است. یکی از ادیبان قرن ششم، شاهنامه را «قرآن قوم ایرانی» نامیده‌است.

فردوسی در حدود سال ۴۱۱هجری قمری (اوایل قرن یازدهم میلادی) در روستای زادگاه خود درگذشت. آرامگاه او در توس در نزدیکی شهر مشهد باقیست.

یکی روز شاه جهان سوی کوه ...

(پیدایش آتش و جشن سده) *

یکی روز شاه جهان سوی کوه
گذر کرد با چندکس همگروه

پدید آمد از دور چیزی دراز
سیه رنگ و تیره تن و تیزتاز[۱]

دو چشم از بَرِ سر، چو دو چشمه خون
ز دودِ دهانش جهان تیره‌گون

نگه کرد هوشنگ با هوش و سنگ[۲]
گرفتش یکی سنگ و شد تیز چنگ[۳]

به زورِ کیانی[۴] رهانید دست
جهان‌سوز مار از جهانجوی رَست

برآمد به سنگِ گران سنگ خُرد
همان و همین سنگ بشکست خُرد

فروغی پدید آمد از هر دو سنگ
دل سنگ گشت از فروغ آذرنگ[۵]

* . بر گرفته از روایت های اساطیری شاهنامه. جشن سده جشنی ایرانی است که در شب دهم بهمن ماه با افروختن آتش برگزار می شود.
۱ . تیزتاز: دارای سرعت بسیار هنگام تاختن.
۲ . سنگ: ارزش، اهمیت
۳ . تیزچنگ: دارای دست یا چنگال نیرومند، نیرومند.
۴ . کیانی: منسوب به کیان، پادشاهی.
۵ . آذرنگ: روشن، نورانی

نشد مار کشته ولیکن ز راز
از آن طبعِ سنگ،آتش آمد فراز[۱]

هر انکس که برسنگ آهن زدی
ازو روشنایی پدید آمدی

جهاندار پیشِ جهان آفرین
نیایش همی کرد و خواند آفرین

که او را فروغی چنین هدیه داد
همین آتش آنگاه قبله نهاد

بگفتا فروغیست این ایزدی
پرستید باید اگر بِخرَدی[۲]

شب آمد برافروخت آتش چو کوه
همان شاه در گِردِ او با گروه

یکی جشن کرد آن شب و باده خَورد
سده نام آن جشن فرخنده کرد

ز هوشنگ ماند این سده یادگار
بسی باد چون او دگر شهریار

کز آباد کردن جهان شاد کرد
جهانی به نیکی ازو یاد کرد ...

۱. فراز آمدن: فراهم شدن
۲. بِخرَد: دانا، خردمند

بسی بر نیامد بر این روزگار...

(زادنِ رستم از مادر)*

بسی بر نیامد بر این روزگار
که با زاد سرو[۱] اندر آمد نِهار[۲]

شکم کرد فربی[۳] و تن شد گران[۴]
شد آن ارغوانی رُخَش زعفران

بدو گفت مادر که ای جانِ مام
چه بودت که گشتی چُنین زردفام

چنین داد پاسخ که من روز و شب
همی بر گشایم به فریاد لب

همانا زمان آمده‌ستم فراز[۵]
وُزین بار بردن نیابم جَواز[۶]

تو گویی به سنگستم آگنده[۷] پوست
وُ گر زاهنست اینک بِمیانِ اوست

---

* . برگرفته از روایت‌های پهلوانی و حماسی شاهنامه. رودابه(دختر مهراب کابلی و سیندخت) پس از دل بستن به زال زر پهلوان ایرانیِ معروف به دستان، با او ازدواج می‌کند. رستم پهلوان نامدار شاهنامه حاصل این پیوند است. بیشتر افسانه های پهلوانی شاهنامه ، گرد شخصیت پادشاهان همزمان با رستم و دلاوری های او می گردد .

۱ . زاد سرو: سرو آزاد، بلندقامت

۲ . نِهار: کاهش

۳ . فربی: فربه، چاق

۴ . گِران: سنگین

۵ . زمان کسی فراز آمدن : نزدیک شدن مرگ کسی

۶ . جَواز: خلاص، رهایی

۷ . آگنده: انباشتن، پر کردن

چنین تا گهِ زادن آمد فراز
به خواب وَ به آرام بودش نیاز

چُنان بُد که یک روز زو رفت هوش
از ایوان[۱] دَستان بر آمد خروش

خبر شد به سیندخت و بِشخود[۲] روی
بکند آن سیه گیسوی مشک بوی

یکایک[۳] به دستان رسید آگهی
که پژمرده شد برگِ سروِ سَهی

به بالین رودابه شد زالِ زر
پر از آب رخسار و خَسته جگر

چو زان پرّ سیمرغش آمد به یاد
بخندید و سیندخت را مژده داد

یکی مِجمَر[۴] آورد و آتش فروخت
وُزان پرّ سیمرغ لَختی بسوخت

هم اندر زمان تیره گون شد هوا
پدید آمد آن مرغِ فرمان روا

چُن ابری که بارانش مرجان بود
چه مرجان که آرایشِ جان بود

۱. ایوان: کاخ
۲. بِشخود (بِخشودن): خراشیدن
۳. یکایک: فوراً، بی درنگ
۴. مِجمَر: منقل، آتشدان که در آن عود و عنبر می سوزانند.

ستودش فراوان و بردش نماز[۱]
بر و کرد زال آفرینِ دراز

چُنین گفت با زال کین غم چراست
به چشم هِزَبر[۲] اندرون، نم چراست

کزین سروِ سیمین برِ ماه روی
یکی شیر باشد ترا نامجوی

که خاک پی او ببوسد هِزبر
نیارد به سر بر، گذشتنش ابر

وُ زآواز او چرمِ جنگی پلنگ
شود چاک چاک و بخاید دو چنگ

هر آن گُرد کاواز گوپال اوی
ببیند بر و بازوی و یال اوی

از آواز او اندر آید ز پای
دلِ مرد جنگی برآید ز جای

بجای خرد سامِ سنگی بود
به خشم اندرون شیر جنگی بود

به بالای سرو و به نیروی پیل
به آوَرد[۳]، خشت[۴] افکند بر دو میل[۵]

---

۱. نماز بردن: خم شدن به قصد احترام
۲. هِزَبر یا هُژَبر: شیر
۳. آوَرد: جنگ
۴. خشت: نوعی سلاح جنگی به شکل نیزه ای کوچک
۵. میل: مسافتی برابر یک سوم فرسنگ

نیاید به گیتی ز راه زِهِش
به فرمانِ دادار[۱] نیکی دِهِش

بیاور یکی خنجر آبگون[۲]
یکی مردِ بینا دل پر فُسون

نُخُستین به می ماه را مست کن
ز دل بیم و اندیشه را پست کن

تو منگر که بینادل[۳] افسون کند
به صندوق تا شیر بیرون کند

بکافد[۴] تهی گا ه سرو سهی
نباشد مر او را ز درد آگهی

وُزان پس بدوز آن کجا کرد چاک
زدل دور کن ترس و تیمار و باک

گیایی که گویمت با شیر و مشک
بکوب و بکن هرسه در سایه خشک

بسای و بیالای بر خستگیش[۵]
ببینی همان روز، پیوستگیش

۱. دادار: آفریننده، خالق
۲. آبگون: تیز، بزّان
۳. بینادل: هوشیار
۴. بکافد (کافیدن): شکافتن
۵. خستگی: زخم، جراحت

بر او مال از آن پس یکی پرّ من
خجسته بود سایه ی فرّ[۱] من

ترا زین سَخُن شاد باید بُدن
به پیش جهاندار باید شدن

که او دادت این خسروانی درخت
که هر روز نو بشکفاندت بخت

بدین کار دل هیچ غمگین مدار
که شاخ برومندت آمد به بار

بگفت و یکی پر ز بازو بکند
فگند و بپرواز برشد بلند

بشد زال و آن پرّ او برگرفت
برفت و بکرد آنچ گفت ای شِگِفت

بدان کار نظّاره بُد یک جهان
همه دیده پرخون و خسته روان

فرو ریخت از میژه سیندخت خون
که کودک ز پهلو کی آید برون ...

۱. فرّ: شکوه، جلال

دگرباره اسبان ببستند سخت ...

(کشته شدن سهراب به دست رستم)*

دگرباره اسبان ببستند سخت
به سر بر همی گشت بدخواه بخت

به کُستی گرفتن[۱] نهادند سر
گرفتند هر دو دوالِ کمر[۲]

هرآنگه که خشم آوَرَد بختِ شوم
کند سنگ خارا بکردار موم

سرافراز سهرابِ بازور دست
تو گفتی سپهرِ بلندش ببست

غمی گشت، رستم بیازید چنگ[۳]
گرفتش برو یالِ جنگی پلنگ

خم آورد[۴] پشتِ دلیر و جوان
زمانه[۵] بیامد، نماندش توان

زدش برزمین بر بکردارِ شیر
بدانست کو هم نماند به زیر

---

* . سهراب، پسر رستم حاصلِ پیوند رستم با تهمینه دختر شاه سمنگان است که دور از پدر به دنیا می آید و بزرگ می شود. در جنگی که بین توران و ایران در می گیرد، سهراب و رستم ناخواسته در برا بر هم قرار می گیرند.

۱ . کُستی گرفتن (کُشتی گرفتن): زورآزمایی دوتن برای به زمین رساندن پشت او.

۲ . دوالِ کمر: کمربند چرمی

۳ . بیازید چنگ (چنگ یازیدن): دست دراز کردن

۴ . خم آورد (خم آوردن پشت کسی): از پا درآوردن کسی

۵ . زمانه: اجل، مرگ

سبک، تیغ تیز از میان برکشید
بَرِ شیرِ بیدار دل بر درید

بپیچید از آن پس یکی آه کرد
ز نیک و بد اندیشه کوتاه کرد

بدو گفت کاین بر من از من رسید
زمان[1] را به دست تو دادم کَلید

تو زین بی گناهی که این کوژپشت[2]
مرا برکشید و بزودی بکشت

به بازی به کوی اند همسالِ من
به خاک اندر آمد چُنین یال[3] من

نشان داد مادر مرا از پدر
ز مهر اندر آمد روانم به سر

همی جُستمش تا ببینمش روی
چنین جان بدادم به دیدار اوی

کنون گر تو در آب ماهی شوی
وُگر چون شب اندر سیاهی شوی

وگر چون ستاره شوی بر سپهر
ببرّی ز روی زمین پاک مهر

۱. زمان: اجل، مرگ
۲. کوژپشت: خمیده پشت، مجازاً روزگار و آسمان
۳. یال: اندام

بخواهد هم از تو پدر کین من
چو داند که خاکست بالین من

ازین نامداران گردنکشان
کسی هم بَرَد سوی رستم نشان

که سهراب کشته ست و افگنده خوار
ترا خواست کردن همی خواستار

چو بشنید رستم سرش خیره گشت
جهان پیش چشم اندرش تیره گشت

بپرسید از آن پس که آمد به هوش
بدو گفت با ناله و با خروش

که اکنون چه داری ز رستم نشان؟
که کم باد نامش ز گردنکشان!

بدو گفت: ار ایدونک۱ رستم تُوی
بکُشتی مرا خیره بر بدخُوی

ز هر گونه یی بودمت رهنمای
نجنبید یکباره مهرت ز جای

کنون بند بگشای ازین جوشنم۲
برهنه نگه کن تن روشنم

چو برخاست آوای کوس از دَرَم
بیامد پر از خون دو رخ ، مادرم

---

۱. ایدونک: چنانچه
۲. جوشن: لباس جنگی شبیه زره که پاره هایی از آهن در آن به کار رفته است.

همی جانش از رفتن من بخَست[۱]
یکی مهره بربازوی من ببست

مرا گفت کین از پدر یادگار
بدار و ببین تا کی آید به کار

کنون کارگر شد که بیکار گشت
پسر پیش چشم پدر خوارگشت

چو بگشاد خَفتان[۲] و آن مهره دید
همه جامه ی پَهلَوی[۳] بردرید

همی ریخت خون و همی کَند موی
سرش پر زخاک و پر از آب، روی

بدو گفت سهراب کین بتّریست
به آب دو دیده نباید گریست

ازین خویشتن خَستن اکنون چه سود؟
چُنین بود و این بودنی کار[۴] بود

چو خورشید تابان ز گنبد بگشت
تهمتن نیامد به لشکر ز دشت

ز لشکر بیامد هُشیوار بیست
که تا اندر آوَردگه[۵] کار چیست

۱. خَست (خَستن) : آزرده شدن، غمگین شدن
۲. خَفتان (خِفتان): لباس جنگ که چند لایه ابریشم یا الیاف دیگر زیر آستر آن به کار می بردند.
۳. پهلوی: پهلوانی
۴. بودنی کار: سرنوشت، تقدیر
۵. آوَردگه (آوردگاه): میدان جنگ

دو اسب اندر آن دشت برپای بود
پر از گرد و رستم دگر جای بود

گوِ[۱] پیلتن را چو بر پشت زین
ندیدند گُردان بر آن دشتِ کین

چُنان شد گمانشان که او کشته شد
سرِ نامداران همه گشته شد

به کاوس کی تاختند آگهی
که تختِ مِهی شد ز رستم تهی

ز لشکر برآمد سراسر خروش
برآمد زمانه یکایک[۲] به جوش

بفرمود کاوس تا بوق و کوس
دمیدند و آمد سپهدار طوس

از آن پس به لشکر چنین گفت شاه
کز ایدر[۳] هیونی[۴] سوی رزمگاه

بتازید تا کارسهراب چیست
که بر شهر ایران بباید گریست

اگر کشته شد رستم جنگجوی
از ایران که یارد شدن پیش اوی

---

۱. گَو: پهلوانِ دلاور
۲. یکایک: ناگهان
۳. ایدر: اکنون
۴. هیون: پیک

به انبوه زخمی بباید زدن
برین رزمگه بر نباید بُدن

چو آشوب برخاست زان انجمن
چُنین گفت سهراب با پیلتن

که اکنون که روز من اندرگذشت
همه کارِ ترکان دگرگونه گشت

همه مهربانی بدان کن که شاه
سوی جنگ ترکان نراند سپاه

که ایشان ز بهر[1] مرا جنگ جوی
سوی مرز ایران نهادند روی

بسی روز را داده بودم نُوید
بسی کرده بودم ز هر در امید

نباید که بینند رنجی به راه
مکن جز به نیکی در ایشان نگاه...

شبی چون شبه روی شسته به قیر

(مقدمهٔ داستان بیژن و منیژه)*

شبی چون شَبَه[2] روی شسته به قیر
نه بهرام[3] پیدا نه کیوان[4] نه تیر[5]

---

۱. زبهرِ : برایِ ، به خاطرِ

* از روایت های پهلوانی شاهنامه. داستان بیژن و منیژه، ماجرای آشنایی و عشق بیژن خواهرزادهٔ رستم است با منیژه دختر افراسیاب، پادشاه توران.

۲. شبه: سنگی سیاه رنگ از جنس کربن.

۳. بهرام: مریخ، چهارمین سیاره منظومه شمسی به نسبت دوری از خورشید.

۴. کیوان: ستاره زحل، ششمین سیاره منظومه شمسی به نسبت فاصله از خورشید.

۵. تیر: عطارد، نخستین سیاره منظومه شمسی به نسبت فاصله از خورشید. در قدیم آن را ستاره اهل قلم و دبیر فلک می دانستند.

دگرگونه آرایشی کرد ماه

بسیج[1] گذر کرد بر پیشگاه

شده تیره اندر سرای درنگ

میان کرده باریک و دل کرده تنگ

ز تاجش سه بهره شده لاژورد[2]

سپرده هوا را به زَنگار[3] گرد

سیاهِ[4] شبِ تیره بر دشت و راغ

یکی فرش گسترده از پرِّ زاغ

چو پولادِ زنگار خورده سپهر

تو گفتی به قیر اندر اندود چهر

نموده ز هر سو به چهر اَهرِمن[5]

چو مارِ سیه باز کرده دهن

هر آنگه که بر زد یکی بادِ سرد

چو زنگی[6] برانگیخت ز اَنگِشت[7] گرد

چُنان کرد باغ و لبِ جویبار

کجا موج خیزد ز دریای قار[8]

---

۱. بسیج: آهنگ، قصد

۲. لاژورد: لاجورد: سنگی کبود رنگ، مجازاً کبود و سیاه رنگ.

۳. زنگار: قشری که از ترکیب مس و هوای مرطوب تشکیل می‌شود و رنگ آن سبز است.

۴. سیاه: سیاهپوست، غلام سیاه

۵. اهرمن: اهریمن: موجود خیالی زشت و بدکار

۶. زنگی: منسوب به کشور زنگبارکه مردمانش پوستی تیره دارند.

۷. انگشت: زغال.

۸. قار: قیر، مجازاً سیاه رنگ.

فرو مانده گردونِ گردان به جای
شده سست خورشید را دست و پای

سپهر اندر آن چادرِ قیرگون
تو گفتی شده ستی به خواب اندرون

جهان را دل از خویشتن پُر هراس
جَرَس[۱] برکشیده نگهبانِ پاس

نه آوای مرغ و نه هُرّای[۲] دد[۳]
زمانه زبان بسته از نیک و بد

نُبد هیچ پیدا نشیب از فراز
دلم تنگ شد زان درنگِ[۴] دراز

بدان تنگی اندر بجستم زجای
یکی مهربان بودم اندر سرای

خروشیدم و خواستم زو چراغ
بیاورد شمع و بیامد به باغ

می آورد و نار و تُرُنج[۵] و بِهی[۶]
زُدوده[۷] یکی جام شاهنشهی

۱ . جَرَس : زنگ بزرگی که برای آگاه کردن مردم از زمان انجام کاری به صدا در می آوردند.
۲ . هُرای یا هَرای: بانگ و فریاد غوغای ترسناک
۳ . دد: جانور درنده
۴ . درنگ: کندی در مقابل شتاب
۵ . ترنج، گونه ای از مرکبات، بالنگ.
۶ . بهی، به: نوعی میوه پاییزی زردرنگ و کرک دار.
۷ . زُدوده: روشن، شفاف

مرا گفت شمعت چه باید همی؟

شب تیره خوابت نیاید همی؟

بپیمای می تا یکی داستان

ز دَفتَرت برخوانم از باستان

پُر از چاره و مهر و نیرنگ و جنگ

همه از در[1] مرد فرهنگ و سنگ

بدان سرو بُن گفتم: ای ماه روی

مرا امشب این داستان بازگوی

مرا گفت: گر چون ز من بشنوی

به شعر آری از دفتر پهلوی[2]،

همت گویم و هم پذیرم سپاس

کنون بشنو ای یار نیکی شناس ...

یکی نامه سوی برادر به درد ...

(نامهٔ رستم فرخزاد به برادر)[*]

یکی نامه سوی برادر به درد

نبشت و سخن ها همه یاد کرد

---

۱. از در : سزاوار ، شایستهٔ، درخور

۲. پهلوی: زبانی از شاخه های زبان هند و ایرانی که پیش از اسلام در ایران رایج بود.

[*]. بر گرفته از روایت های تاریخی شاهنامه. رستم پسر هُرمَزد معروف به رستم فرخزاد در اواخر دورهٔ ساسانیان فرماندهٔ سپاه ایران بود. اما در حملهٔ اعراب به ایران تلاش او برای عقب راندن اعراب از ایران به دلایل تاریخی و اجتماعی به جایی نرسید. آخرین جنگ او با سعدبن وقاص در سال ۶۳۶ میلادی به کشته شدن او و شکست کامل ایران انجامید. بنا به روایت فردوسی، رستم فرخزاد این نامه را پیش از شروع آخرین جنگ با اعراب نوشته و در آن سرنوشت جنگ و نیز آیندهٔ ایران را پیش بینی کرده است.

نخست آفرین کرد بر کردگار
کزو دید نیک و بدِ روزگار

دگر گفت کزگردش آسمان
پژوهنده[۱] مردم شود بدگمان

گنهکار تر در زمانه منم!
ازیرا گرفتار آهرمنم!

که این خانه ازپادشاهی تهی ست!
نه هنگامِ پیروزی و فرّهی[۲] ست!

ز چارم[۳] همی بنگرد آفتاب
کزین جنگ ما را بد آید شتاب...

همه بودنی[۴] ها ببینم همی
و زو خامشی برگزینم همی!

به ایرانیان زار وگریان شدم
ز ساسانیان نیز بریان شدم!

دریغ این سر و تاج و این داد و تخت!
دریغ این بزرگی و این فرّ و بخت!

۱. پژوهنده: شناسنده، شناسا، دانا
۲. فرّهی: شکوه، شوکت
۳. چارم: چهارم، آسمان چهارم که بنا به اعتقاد گذشتگان جایگاه خورشید و بعضی از پیمبران از جمله عیسی است.
۴. بودنی: مقدّر، تقدیر

کزین پس شکست آید از تازیان
ستاره نگردد مگر بر زیان!

بر این سال ها چار صد بگذرد
کزین تخمه گیتی کسی نسپَرَد...

چو با تخت منبر برابر کنند
همه نام بوبکر و عُمّر کنند!

تبه گردد این رنج های دراز
نشیبی دراز است پیش فَراز[۱] !

نه تخت و نه دیهیم[۲] بینی نه شهر
ز اختر همه تازیان راست بهر!

چو روز اندر آید، به روز دراز
شودشان سر از خواسته بی نیاز!

بپوشند از ایشان گروهی سیاه
ز دیبا نهند از برِ سر کلاه!

نه تخت و نه تاج و نه زرینه کفش
نه گوهر، نه افسر، نه بر سر درفش[۳]!

برنجد[۱] یکی دیگری بَر خورد
به داد و به بخشش همی ننگرد!...

---

۱ . فراز: بلندی
۲ . دیهیم: پارچهٔ نوارگونه و جواهرنشانی که پادشاهان و بزرگان بر پیشانی می بستند، تاج
۳ . درفش، پرچم، بیرق

ز پیمان بگردند و از راستی
گرامی شود کژیّ و کاستی!

پیاده شود مردم جنگجوی
سوار آنک لاف آرد و گفت و گوی[۲]!

کشاورز جنگی شود بی هنر
نژاد و هنر کمتر آید به بر[۳]!

رباید همی این از آن، آن از این
زنفرین ندانند باز[۴]، آفرین!

بداندیش گردد پدر بر پسر
پسر بر پدر هم چنین چاره گر[۵]!

شود بندهٔ بی هنرشهریار
نژاد و بزرگی نیاید به کار!

به گیتی کسی را نماند وفا
روان و زبان ها شود پر جفا!

از ایران و از ترک و از تازیان
نژادی پدید آید اندر میان،

۱. برنجد (رنجیدن): رنج بردن، تحمل سختی کردن
۲. گفت و گوی: سروصدا و غوغا
۳. آید به بر (به بر آمدن): بر دادن، به نتیجه رسیدن
۴. ندانند باز (باز ندانستن): فرق گذاشتن، تمیز دادن
۵. چاره گر: حیله گر، فریبکار

نه دهقان[۱] نه ترک و نه تازی بود
سخن ها به کردارِ بازی بود...

زیان کسان ازپی سود خویش
بجویند و دین اندر آرند پیش!

نباشد بهار از زمستان پدید
نیارند هنگام رامش نبید[۲] !...

شبی در برت گر برآسودمی... *

شبی‌در برت گر برآسودمی — سر فخر بر آسمان سودمی
قلم در کف تیر بشکستمی — کلاه از سرِ ماه بر بودمی
جمال‌تو گر زانکه‌من‌دارمی — به‌جای‌تو گرزانکه‌من‌بودمی
به بیچارگان رحمت‌آوردمی — به دلدادگان بر، ببخشودمی

۱ . دهقان: طبقه ای از خرده مالکان ایرانی که پیش از اسلام و قرن های اولیه بعد از اسلام اداره امور روستاها را به عهده داشتند، مجازاً به معنی ایرانی
۲ . نبید: شراب
* . این غزل از معدود شعر هایی است که علاوه بر « شاهنامه از فردوسی باقیمانده است و بدون شک ازوست .

فرخی‌سیستانی، ابوالحسن‌علی

؟ ـ ٤٢٩ ق

ابوالحسن علی بن جولوغ فرخی سیستانی از شاعران بزرگ اواخر قرن چهارم و اوایل قرن پنجم است. از تاریخ تولد او اطلاع دقیقی در دست نیست. فرخی در سیستان به دنیا آمد و در آنجا مراحل رشد را گذرانید. پس از آن به چَغانیان رفت. چغانیان ناحیه‌ای‌ست واقع در شمال افغانستان امروزی‌که پادشاهان معروف به آل محتاج در آن دوران، در آنجا حکومت‌کوچکی داشتند. فرخی در دربار ابوالمظفر احمدبن محمد به سبب مهارت‌های فوق‌العاده در شاعری، مورد توجه قرار گرفت و کمی بعد به غزنین پایتخت سلطان محمود غزنوی رفت که در آن سال‌ها در اوج قدرت بود. در دربار محمود به واسطه مدح‌هایی‌که برای سلطان محمود و بزرگان دربار او و بعدها پسران او سرود و نیز با مهارتی‌که در نواختن چنگ داشت، به محبوبیت و ثروت فراوان رسید و زندگی مجلل و مرفهی برای خود فراهم‌کرد و در سال ۴۲۹ قمری (اواسط قرن یازدهم میلادی) در همانجا درگذشت. تذکره نویسان و شاعران همزمان فرخی به جوان بودن او در هنگام مرگ اشاره‌کرده‌اند.

فرخی شاعری است قصیده‌سرا و قصیده‌های او عمدتاً در مدح پادشاهان غزنوی و بزرگان دربار اوست. بخش‌های اولیهٔ قصیده‌های او که در اصطلاح تشبیب و تغزل نامیده می‌شود، اغلب اختصاص دارد به وصف طبیعت به خصوص بهار و خزان یا شرح عشرت‌طلبی‌ها و احساسات عاشقانهٔ او که با زبانی ساده و اغلب بی‌پرده بیان شده‌است. علاوه بر قصیده از او ترجیع‌بندهایی نیز به‌جا مانده‌است‌که در آن‌ها نیز به شیوه قصیده، پس از وصف طبیعت به مدح پرداخته‌است.

در اشعار فرخی، مسأله عشقبازی با غلامان ترک که در دوران غزنویان امری رایج و معمول بوده‌است، به طرزی آشکار به‌چشم می‌خورد. از این‌نظر در شعرهای عاشقانهٔ او برخلاف عاشقانه‌های معمول و متداول در زبان فارسی‌اغلب عاشق از معشوق فراتر و بی‌نیاز از او نشان‌داده شده اند.

زبان شعر فرخی بسیار ساده و روشن و ترتیب کلام او نزدیک به زبان محاوره‌است. از این نظر شعر او را نیز مانند شعر سعدی سهل و ممتنع (آسان و دست نیافتنی) نامیده‌اند. مفاهیم و اصطلاحات علمی و فلسفی در شعر او راه ندارد. آشنایی فرخی با موسیقی، در انتخاب واژگان خوش‌آهنگ و همچنین وزن‌های ملایم شعر او موثر بوده است.

برفت یار من و من نژند و شیفته وار... *

برفت یار من و من نژند و شیفته‌وار
به باغ رفتم، با درد و داغِ رفتنِ یار

بدان مَقام[۱] که با من به مِی نشست همی
به روزگار خزان و به روزگار بهار

دو سرو دیدم، کو زیر هر دوان با من
به‌جام و ساتکنی[۲] خورده بود می بسیار

خروش و ناله به من درفتاد و رنگین گشت
ز خون دیده مرا هر دوآستین و کنار

بنفشه گفت که:«گر یار تو بشد[۳] مَگری!
به‌یادگار دو زلفش‌مرا بگیر و بدار»

چه گفت نرگس؟ گفت:«ای‌زچشم دلبر دور!
غم دو چشمش بر چشم‌های من بگمار»[۴]

ز بس که‌زاری کردم، ز سروهای بلند
به‌گوشم آمد بانگ و خروش و نالهٔ زار

مرا به درد دل‌آن سروها همی گفتند
که:«کاشکی‌دل‌تو یافتی ز ما دو قرار

* . بخش آغازین قصیده ای در مدح یکی از درباریان سلطان محمود غزنوی.
۱ . مَقام: جایگاه، مکان
۲ . ساتکنی: ساتگینی، ساتگین: پیاله بزرگی که با آن شراب می خورده اند.
۳ . شدن، رفتن
۴ . گماردن: گماشتن: معطوف کردن، متوجه کردن

که سبز بود نگارین تو و ما سبزیم
بلند بود و از او ما بلندتر صدبار »...

آشتی کردم با دوست پس از جنگ دراز... *

آشتی کردم با دوست پس‌از جنگِ دراز
هم بدان‌شرط که با من نکند دیگر ناز

زانچه کرده‌ست پشیمان شد و عذر همه‌خواست
عذر پذرفتم و دل در کف او دادم باز

گر نبودم به‌مرادِ دل‌او دی و پَریر[1]
به مراد دل‌او باشم از امروز فراز[2]

دوش ناگاه رسیدم به در حجرهٔ او
چون مرا دید بخندید و مرا بُرد نماز[3]

گفتم ای‌جانِ جهان‌خدمت تو بوسه بس‌است
چه‌شوی‌رنجه به‌خم‌دادن بالای‌دراز

تو زمین‌بوسه مده خدمت بیگانه مکن
مر ترا نیست بدین‌خدمت بیگانه نیاز

* . بخش آغازین قصیده ای در مدح سلطان محمود غزنوی.
۱ . پریر: پریروز
۲ . از امروز فراز: از امروز به بعد
۳ . نماز بردن: سر فرود آوردن یا به خاک افتادن در مقابل کسی.

شادمان گشت و دورخ چون دو گل نو بفروخت [۱]
زیر لب گفت که احسنت [۲] و زه‌ای [۳] بنده نواز...

با کاروانِ حُلّه برفتم ز سیستان *

با کاروان حُلّه برفتم ز سیستان
با حلّهٔ تنیده ز دل بافته ز جان

با حلّه‌ای بَریشم [۴] ترکیب او سخن
با حلّه‌ای نگارگر نقش او زبان

هر تار او به‌رنج برآورده از ضمیر
هر پود او به‌جهد جدا کرده از روان

از هر صنایعی که بخواهی بر او اثر
وز هر بدایعی که بجویی بر او نشان

نه حلّه‌ای که آب رساند بدو گزند
نه حلّه‌ای که آتش آرد بر او زیان

نه رنگ او تباه کند تُربَت [۵] زمین
نه نقش او فروسِتُرَد گردش زمان

۱. فروختن: افروختن، روشن کردن
۲. احسنت: آفرین
۳. زه: آفرین
*. بخش آغازین قصیده ای که فرخی وقتی که بسیار جوان بود سرود و با خود به دربار ابوالمظفر احمد چغانی برد. در این قصیده او شعر را به حلّه که پارچه ای ابریشمی است تشبیه کرده و توصیفی تازه از آن به دست داده است.
۴. بریشم: ابریشم
۵. تربت: خاک

بنوشته زود و تعبیه‌کرده میان دل
واندیشه را به ناز بر او کرده پاسبان

هرساعتی بشارت دادی مرا خِرَد
کاین‌حلّه مر ترا برساند به نام و نان

این‌حلّه نیست‌بافته‌از جنس حلّه‌ها
این را تو از قیاس دگر حلّه‌ها مدان

این‌را زبان‌نهاد وخِرَد رشت‌وعقل بافت
نقاش‌بوددست‌وضمیر اندر آن میان...

دل من همی‌داد گفتی گوایی... *

دل من همی داد گفتی گوایی
که باشد مرا روزی از تو جدایی

بلی هر چه خواهد رسیدن به مردم
بر آن دل دهد هر زمانی گوایی

من این‌روز را داشتم چشم وزین غم
نبوده ست با روز من روشنایی

جدایی گمان برده بودم ولیکن
نه چندان‌که یکسو نهی آشنایی

به‌جرم‌چه‌راندی‌مرا از در خود
گناهم نبوده‌ست جز بیگَنایی

* . بخش آغازین قصیده ای در مدح یکی از وزیران سلطان محمود غزنوی.

بدین زودی از من چرا سیر گشتی

نگارا بدین زود سیری چرایی

که دانست کز تو مرا دید باید

به‌چندان وفا این‌همه بی‌وفایی

سپردم به تو دل، ندانسته بودم

بدین‌گونه مایل به‌جور و جفایی

دریغا دریغا که آگه نبودم

که‌تو بی‌وفا در جفا تاکجایی

همه‌دشمنی از تو دیدم ولیکن

نگویم‌که تو دوستی را نَشایی...

خواستم از لعل او دو بوسه و گفتم...

خواستم‌از لعل‌او دو بوسه و گفتم
تربیتی کن‌به‌آب‌لطف خسی را

گفت: یکی‌بس‌بود وگر دو ستانی
فتنه شود، آزموده‌ایم بسی را

عمر دوباره‌ست بوسۀ من و هرگز
عمر دوباره نداده‌اند کسی را

گفتم رخ تو بهار خندان منست ...

گفتم رخ تو بهار خندان منست
گفت آنِ تو نیز باغ و بستان منست

گفتم لب شکرین تو آن منست
گفت‌از تو دریغ‌نیست، گر جان‌منست

منوچهری‌دامغانی، ابوالنجم‌احمد

؟ ـ ٤٣٢ ق

ابوالنجم احمدبن قوص منوچهری دامغانی در اواخر قرن چهارم یا اوایل قرن پنجم هجری قمری در دامغان به دنیا آمد. در آغاز کار شاعری به دربار فلک‌المعالی منوچهر بن شمس‌المعالی از پادشاهان آل زیار که در آن سال‌ها در گرگان و طبرستان سلطنت می‌کرد، رفت و تخلص خود را از نام این پادشاه گرفت. کمی بعد به دربار سلطان مسعود غزنوی راه یافت و این پادشاه و بسیاری از بزرگان دربار او را مدح‌گفت. وفات منوچهری در سال ۴۳۲ قمری (اواسط قرن یازدهم میلادی) و ظاهراً در سال‌های میانهٔ عمر او اتفاق افتاد.

منوچهری شاعری‌است قصیده‌سرا و از آنجا که در زبان و ادبیات عربی تبحُّر بسیار داشته‌است، شعر او به طرزی چشمگیر تحت تأثیر شاعران عرب‌است. استقبال‌هایی‌که از شعر شاعران عرب کرده‌است و نیز به‌کار بردن فراوان‌کلمات عربی و همچنین تکرار مضمون‌های شاعران‌عرب ـ از قبیل وصف بیابان‌ها و منظرهٔ صحرا ـ این‌تأثیر را به‌خوبی نشان می‌دهد و همه این خصوصیات شعر او را از شاعران هم‌دوره‌اش متمایز می‌کند.

هنر منوچهری در وصف منظره‌های طبیعت و اجزای آن‌آشکار می‌شود. تصویرهای او بیشتر به صورت تشبیه است. تخیل نیرومند او گاه از یک منظره یا از یک شیء تصویرهای پیاپی و متنوع واغلب تازه و غافلگیرکننده می‌سازد. منوچهری را بزرگترین شاعر طبیعت‌گرای زبان‌فارسی‌گفته‌اند. دیوان او پر است از رنگ و بوی گل‌ها، نقش و تصویر میوه‌ها و آواز پرندگان و نغمه‌های گوناگون موسیقی. تصویرهای او از طبیعت یک‌رویه و خالی از تعبیرها و برداشت‌های خاص‌است. روحیهٔ شاد و خوشگذران منوچهری را از نگاهی‌که به طبیعت و اجزای آن می‌کند و از وزن‌های شاد و سبکی که برای شعرهای خود برمی‌گزیند، می‌توان دریافت.

زبان شعر منوچهری زبانی‌است آمیخته به کلمات عربی‌که گاه به گوش خشن و ناهموار می‌آید و این خصوصیت را وجود تصویرهای غریب در شعر او، تشدید می‌کند.

منوچهری علاوه بر قصیده در سرودن مسمط نیز استاد است و او را ابداع کنندهٔ این‌قالب شعری دانسته‌اند.

چو از زلف شب باز شد تاب‌ها...

چو از زلف شب بازشد تاب‌ها
فرو مُرد قندیل محراب‌ها

سپیده‌دم از بیم سرمای سخت
بپوشید بر کوه سنجاب‌ها

به میخوارگان ساقی آواز داد
فکنده‌به‌زلف اندرون تاب‌ها

از آواز ما خفته همسایگان
بی‌آرام گشتند در خواب‌ها

بر افتاد بر طَرفِ دیوار و بام
ز بَگمازها[۱] نور مهتاب‌ها

منجّم به بام آمد از نورِ می
گرفت ارتفاع سُطُرلاب‌ها[۲]...

ای با عدوی ما گذرنده ز کوی ما...

ای با عدوِی ما گذرنده ز کوی ما
ای ماهروی شرم نداری ز روی ما ؟

---

۱. بَگماز یا بِگماز: پیاله شراب

۲. سُطُرلاب: مخفف اُسطُرلاب: ابزاری که در نجوم به کار می رود برای مشخص کردن مکان سیارات در آسمان، مشتمل بر چند صفحه مشبک و مدرج که روی یکدیگر حرکت می کنند.

نامم نهاده بودی بدخویِ جنگجوی
با هر کسی‌همی گله‌کردی ز خوی ما

جُستی و یافتی دگری بر مرادِ دل
رَستی زخویِ ناخوش و از گفتگویِ ما

اکنون به جویِ اوست روانِ آبِ عاشقی
آن روزشُد[۱] که‌آب گذشتی‌به‌جویِ ما

گویند سردتر بود آب از سبویِ نو
گرم است آبِ ما که‌کهن شد سبویِ ما

اکنون یکی به کام دلِ خویش‌یافتی
چندین به خیرخیر[۲] چه‌گردی به‌کویِ ما؟

دلم ای دوست تو دانی که هوای تو کند... *

دلم ای‌دوست‌تو دانی که‌هوایِ تو کند
لبِ من‌خدمتِ خاکِ کفِ پایِ‌تو کند

تا زِیَم، جَهد کنم من‌که هوایِ تو کنم
بخورد بَر ز تو آنکس‌که هوایِ تو کند

۱. شدن: سپری شدن، گذشتن
۲. خیر خیر: گستاخانه، باگستاخی
*. بخش آغازین قصیده ای درمدح سلطان مسعود غزنوی.

شیفته‌کرد مرا عشق و وَلایِ[1] تو چنین
شایَدَم‌هرچه به من‌عشق و وَلایِ تو کند

نکنم با تو جفا، ور تو جفا قَصد کنی
نگذارم که‌کسی قصدِ جفایِ تو کند

تنِ من‌جمله پسِ دل‌رود و دل پسِ تو
تن هوایِ دل و دل جمله‌هوایِ تو کند

زُهره[2] شاگردیِ آن‌شانه‌و زُلفِ تو کند
مُشتری[3] بندگیِ بندِ قبایِ تو کند

رایگان مُشک فروشی نکند هیچ‌کسی
ورکند هیچ‌کسی، زلفِ دوتایِ تو کند

چه‌دعا کردی‌جانا، که‌چنین‌خوب‌شدی
تا چو تو، چاکرِ تو نیز دعایِ تو کند...

آمد شب و از خواب مرا رنج و عذابست...

آمد شب و از خواب مرا رنج و عذابست
ای دوست بیار آنچه مرا دارویِ خوابست

چه مُرده و چه خُفته که بیدار نباشی
آن را چه دلیل‌آری و این را چه‌جوابست

۱. وَلا: دوستی، محبت
۲. زُهره: دومین سیاره منظومه شمسی به نسبت فاصله از خورشید، ناهید، ونوس.
۳. مشتری: پنجمین سیاره منظومه شمسی به نسبت دوری از خورشید و بزرگترین سیاره این منظومه، برجیس، ژوپیتر.

من جَهد کنم بی اجلِ خویش نمیرم
در مُردنِ بیهوده، چه مُزد و چه ثَوابست

من خواب ز دیده به می ناب رُبایم
آری عَدُوی خوابِ جوانان می نابست

سختم عَجَب آید که چگونه بَرَدش خواب
آن را که به کاخ اندر یک شیشه شرابست

وین نیز عَجَب تر که خورد باده نه بر چَنگ
بی نغمهٔ چنگش به می نابِ شتابست

اسبی که صَفیرش نزنی می نخورد آب
نی مرد کم از اسب و نه مئْ کمتر از آبست...

ای باده! فدای تو همه جان و تنِ من ...

ای باده! فدای تو همه جان و تنِ من
کز بیخ بکندی ز دلِ من حَزَنِ[1] من

خوبست مرا کار به هرجا که تو باشی
بیداری من با تو خوشست و وَسَنِ[2] من

با تُست همه انس دل و کام حیاتم
با تست همه عیش تن و زیستن من

---

1. حَزَن: غم، اندوه
2. وسن: خواب کوتاه، چرت

هر جایگهی کآنجا آمد شدنِ تست
آنجا همه گه باشد آمد شدنِ من

ای باده خدایت به من ارزانی داراد
کز تست همه راحتِ روح و بدنِ من

یا در خُمِ من بادی، یا در قدحِ من
یا در کف من بادی، یا در دهنِ من

بوی خوش تو باد همه ساله بَخُورم[۱]
رنگ رخ تو بادا بر پیرهنِ من

آزاده رفیقانِ مَنا ! من چو بمیرم
از سرخترین باده بشویید تنِ من

از دانهٔ انگور بسازید حُنُوطم[۲]
وز برگِ رَز سبز رِدا و کفنِ من

در سایهٔ رز اندر، گوری بکُنیدم
تا نیکترین جایی باشد وطنِ من

گر روز قیامت بَرَد ایزد به بهشتم
جویِ میِ پُر خواهم از ذوالْمِنَنِ[۳] من ...

۱. بَخور: بُخور: هر نوع ماده خوشبویی که آن را در آتش بسوزانند.
۲. حَنوط: حُنوط: ماده ای خوشبو که مسلمانان پس از غسل مرده به پیشانی، کف دست ها، سر زانوها و انگشتان پای او می مالند.
۳. ذوالمِنَن: دارنده منت ها و نعمت ها، خداوند.

ای تُرک من امروز نگویی به کجایی ... *

ای تُرکِ [۱] من امروز نگویی به کجایی
تا کس نفرستیم و نخوانیم نیایی

آنکس که نباید بر ما زودتر آید
تو دیرتر آیی به بر ما که بیایی

آن روز که من شیفته‌تر باشم بر تو
عُذری بنهی بر خود و نازی بفزایی

چون با دگری من بگشایم، تو ببندی
ور با دگری هیچ [۲] ببندم، بگشایی

گویی: به رخِ کس منگر جز به رخِ من
ای ترک چنین شیفتهٔ خویش چرایی

ترسی که کسی نیز دل من برباید
کس دل نرباید به ستم، چون تو رُبایی

من در دگران زان نگرم تا به حقیقت
قدر تو بدانم که ز خوبی به چه جایی...

* . بخش آغازین قصیده ای در مدح سلطان مسعود غزنوی.
۱ . تُرک: معشوق
۲ . هیچ: اندکی، کمی

خیزید و خز آرید که هنگام خزانست ... *

خیزید و خَز[۱] آرید که هَنگامِ خَزانست   بادِ خُنُک‌از جانبِ خوارزم‌وَزانست
آن‌برگِ رَزان[۲] بین که‌بر آن‌شاخِ رزانست   گویی به مَثَل پیرهن رَنگرَزانست
دهقان به تعجب‌سرِانگشت گزانست
کاندرچمن‌و باغ نه‌گل ماند و نه‌گلنار ...

دهقان به سحرگاهان‌کز خانه بیاید   نه هیچ بیارامد و نه هیچ بپاید
نزدیکِ رَز آید، درِ رز را بگشاید   تا دخترِ رز را چه به‌کارست‌و چه‌باید
یک دخترِ دوشیزه بدو رُخ ننماید
الاّ همه آبستن و الاّ همه بیمار

گوید که‌شما دختر‌کان‌را چه‌رسیده‌ست؟   رخسار شما پردگیان[۳] را که‌بدیده‌ست؟
وز خانه شما پردگیان‌را که‌کشیده‌ست؟   وین‌پردهٔ‌ایزد به‌شما بر، که دریده‌ست؟
تا من بشدم[۴] خانه در اینجا که‌رسیده‌ست؟
گردید به کردار و بکوشید به گفتار

تا مادرتان‌گفت که‌من‌بچه‌بزادم   از بهرِ شما من‌به نگهداشت فتادم
قفلی به درِ باغِ شما بر، بنهادم   درهایِ شما هفته به هفته نگشادم
کس‌را به مَثَل‌سویِ شما بار ندادم[۵]
گفتم که برآیید نکونام و نکوکار

---

* . بخشی از مسمّطی در مدح سلطان مسعود.

۱. خز : لباس گرمی که از پوست خز (جانوری شبیه سمور) تهیه می شود . همچنین جامه ای که از پشم و ابریشم بافته می شود

۲ . رز: انگور

۳ . پردگی: پرده نشین، مجازاً زن و دختر

۴ . بشدم (شدن) : رفتن

۵ . بار دادن: اجازهٔ حضور داشتن

امروز همی بینمتان بار گرفته — وز بارِ گران جرم[1] تن آزار گرفته

رُخسارَکِتان گونهٔ دینار[2] گرفته — زِهدانکِتان بچهٔ بسیار گرفته

پستانکِتان شیر به خروار گرفته

آورده‌شکم پیش و زگونه‌شده رخسار

من نیز مُکافات شما باز نمایم — اندامِ شما یک به یک از هم بگشایم

از باغ به‌زندان برم و دیر بیایم — چون آمدمی نزد شما دیر نپایم

اندامِ شما زیر لگد خُرد بِسایم

زیرا که شما را به‌جز این نیست سَزاوار

دهقان به در آید و فراوان نِگَردشان — تیغی بکشد تیز و گلو باز بُردشان

وانگه به‌تَبَنگویکش[3] اندر سپردشان — ور زانکه نگنجند، بدو در، فِشُردشان

بر پشت نهدشان و سوی خانه بَرَدشان

وز پشت فرو گیرد و بر هم نهد انبار

آنگه به یکی چَرخُشت[4] اندر فکندشان — بر پُشت لَگد بیست هزاران بزندشان

رگ‌ها بِبُرَدشان، سُتخوان[5] ها بکَندشان — پشت و سروپهلو به‌هم اندر شکندشان

از بندِ شبانروزی بیرون نَهِلَدشان[1]

تا خون برود از تنشان پاک، به یکبار

---

۱. جِرم: شکل مادی چیزی، جسم

۲. دینار : سکهٔ طلا . در اینجا رنگ زرد طلا مورد نظر است .

۳. تَبَنگوی: سبد. تَبَنگویَک : سبد کوچک

۴. چرخشت: حوضی که در آن انگور می ریزند و با فشردن انگور با دست یا وسیله ای دیگر، آب و شیرهٔ انگور را می گیرند.

۵. سُتُخوان: استخوان

آنگاه بیارد رگشان و سَتُخوانشان   جایی‌فکند دور و نگردد به‌کرانشان
خونشان‌همه‌برداردوجانشان‌وروانشان   وندر فکند باز به زندانِ گرانشان[۲]
سه ماهِ شمرده نَبَرد نام و نشانشان
داند که بدان خون نبود مرد، گرفتار

یک روزسبک خیزد، شادوخوش وخندان   پیش آید و بردارد مُهر از در و بندان
چون در نگرد باز به زندانی و زندان   صدشمع‌و چراغ‌اوفتدش برلب‌ودندان
گُل بیند چندان و سَمَن بیند چندان
چندان‌که به‌گلزار ندیده‌ست و سمنزار

گوید که شما را به چسان حال بکُشتم   اندر خُمِتان کردم و آنجا بِنَگشتم
از آبِ خوش‌و خاک‌یکی گِل‌بسرشتم   کردم‌سر خمتان به‌گِل و ایمن گشتم
بانْگشت‌خطی گِردِ گِل‌اندر بنبشتم[۳]
گفتم که شما را نبود زین پس بازار

امروز به خُم اندر نیکوتر از آنید   نیکوتر از آنید و بی‌آهو[۴] تر از آنید
زنده‌تر از آنید و به‌نیروتر از آنید   والاتر از آنید و نکوخوتر از آنید
حقّا که‌بسی‌تازه‌تر و نوتر از آنید
من نیز از این پس ننمایمتان آزار...

---

۱ . هلیدن: هشتن، در جایی قرار دادن چیزی، گذاشتن
۲ . گران: طاقت فرسا، سخت
۳ . بِنِشتن: نوشتن
۴ . آهو: عیب و نقص

فخری گرگانی (فخرالدین اسعد گرگانی)

؟ ـ بعد از ٤٤٦ ق

فخرالدین اسعد گرگانی از شاعران نیمهٔ اول قرن پنجم هجری (اواسط قرن یازدهم میلادی) است. تاریخ دقیق تولد و در گذشت او در دست نیست. تولد او را دراوایل قرن پنجم و درگذشتش را چند سالی بعد از ۴۴۶ قمری حدس زده اند. در مجموع آنچه از زندگانی او می‌دانیم بسیار اندک است. دوران زندگی او مصادف است با سلطنت یکی از پادشاهان سلجوقی به نام ابوطالب طغرل بیک (۴۲۹ ـ ۴۵۵ق) که فخرالدین اسعد به دستگاه حکومت او وابسته و در بعضی از سفرها با او همراه بود.

تنها اثری که از فخرالدین اسعد به جا مانده، منظومه‌ای است غنایی به نام «ویس و رامین» که شاعر سرودن آن را به درخواست حاکم اصفهان (که فخرالدین اسعد ظاهراً چند سالی به طور موقت در آن جا زیسته) آغاز کرده و اندکی پس از سال ۴۴۶ به پایان رسانده است.

اصل داستان «ویس و رامین» افسانه‌ای قدیمی بازمانده از دوران پیش از اسلام است که تا زمان حیات فخرالدین‌اسعد، متن آن به زبان پهلوی موجود بود و برای بسیاری از ایرانیان که هنوز این زبان را می‌دانستند، کتابی شناخته شده بود. فخرالدین‌اسعد این داستان را از روی متن پهلوی به شعر فارسی در آورد، از این جهت اصالت متن اولیه و سادگی زبان و همچنین بسیاری از خصوصیات زبان متن اصلی و همچنین کلمات و ترکیبات اصل پهلوی در آن محفوظ مانده است. خصوصیت مادی بخشیدن به معانی و مفاهیم و حالت‌های روحی از طریق تشبیه از دیگر شگردهای شاعری این‌شاعر است.

این منظومه، ماجرای عشق ممنوع رامین است به ویس همسر شاه موبد که برادر رامین است. محیط و نوع روابط موجود در این داستان، قدمت آن را به دوران اشکانیان می‌رساند. پژوهشگران غربی بین این منظومه با داستان «تریستان و ایزوت» که افسانه‌ای قدیمی در ادبیات فرانسه است، شباهت‌های بسیار یافته‌اند. این افسانه را نویسندگان و شاعران بسیاری در فرانسه و آلمان و انگلستان حتی تا دورهٔ معاصر به صورت داستان یا منظومه بازآفرینی کرده اند. قدیمی ترین صورت منظومی که از این افسانه در ادبیات فرانسه به جا مانده، متعلق به سال ۱۱۵۰ میلادی (حدود ۵۴۵ قمری) یعنی بیش از صد سال بعد از منظومهٔ فخرالدین اسعد گرگانی است. با این‌همه پژوهشگران ایرانی در مورد ارتباط این دو منظومه با یکدیگر و یکی بودن مأخذ و اصل این دو داستان تردید دارند.

منظومهٔ «ویس و رامین» تا اوایل قرن هفتم در میان ایرانیان شهرت بسیار داشته و در سرودن منظومه‌های غنایی سرمشق بسیاری از شاعران از جمله نظامی گنجوی قرار گرفته است. پس از آنکه نظامی گنجوی منظومه های غنایی خود «خسرو و شیرین» و «لیلی و مجنون» را که با فضای اخلاقی و دینی جامعه و ذائقه ادبی نسل‌های بعدی تناسب بیشتری داشت سرود، « ویس و رامین » به فراموشی سپرده شد و تا دوران اخیر کمتر مورد توجه بود.

ز عاشق زارتر زاری نباشد...

ز عاشق زارتر زاری نباشد
ز کار او بتر کاری نباشد

کسی کاو را تَبَش باش، بپرسند
وزان مایه[۱] تبش بروی بترسند

دل عاشق‌در آتش‌سال‌تا سال
نپرسد ایچ[۲] کس‌وی را از آن حال

خردمندا ستم باشد از آن بیش
که‌عاشق‌را همی‌عشق‌آورد پیش؟

بس‌است‌این‌درد عاشق‌را که‌هموار[۳]
بود با دردِ عشق و نالهٔ زار

سزد گر دل بر آن‌مردم بسوزد
که‌عشق‌اندر دلش‌آتش‌فروزد

همی بایدش دردِ دل نهفتن
نیارد رازِ خود با کس بگفتن

۱. از آن مایه: از آن قدر
۲. ایچ: هیچ
۳. هموار: همواره، همیشه

اگر چرخ فلک باشد حریرم...

(نخستین نامهٔ ویس به رامین)*

اگر چرخ فلک باشد حریرم[۱]
ستاره سر به سر باشد دبیرم

هوا باشد دوات و شب سیاهی
حروف نامه برگ و ریگ و ماهی

نویسند این‌دبیران تا به محشر
امید و آرزوی من به دلبر

به جان من که ننویسند نیمی
مرا در هجر ننمایند بیمی

مرا خود با فراقت خواب ناید
وگر آید خیالت بِرُباید

چنان‌گشتم درین هجران‌که دشمن
ببخشاید همی چون دوست بر من

به گریه گه گهی دل را کنم خوش
همی آتش کُشم گویی به آتش

نشانم گردِ هر چیزی به‌گردی
کنم درمان هر دردی به دردی...

* . بخشی از منظومهٔ ویس و رامین نامه‌هایی است که ویس و رامین به یکدیگر می نویسند. تعداد این نامه ها به ده می رسد. بسیاری از شاعران در منظومه های غنایی خود این نوع نامه ها را تقلید کرده اند. بعدها سرودن ده نامه های مستقل به عنوان نوعی منظومهٔ غنایی متداول شد.

۱. حریر : نوعی پارچهٔ ابریشمی نازک که به جای کاغذ برای نوشتن نامه به کار می رفته.

تو گویی آتشست این درد دوری
که خود چیزی‌نسوزد جز صبوری

نیابد خواب در گرما کسی بس
در آتش چون شود راحت بگو کس

من آن‌سروم که‌هجران تو بَرکَند
به کامِ دشمنان از پای بفگند

همالانم[۱] چو مهر دل نمایند
مرا گه گه به پرسیدن درآیند

اگر چه گِرد بالینم نشینند
چنانم از نزاری کِم[۲] نبینند

به طنازی[۳] همی‌گویند هر بار
مگر بیمار ما رفتست بهْ شکار!

تنم را آرزومندی چنان کرد
که از دیدارِ بیننده نهان کرد

به ناله می بدانستند حالم
کنون‌نتوانم‌از سستی که نالم

اگر مرگ آید و سالی نشیند
به‌جانِ تو! که‌شخصِ[۴] من نبیند!

۱. هَمال: هم نشین، دوست
۲. کِم: که مرا
۳. طنّازی: مسخره کردن
۴. شخص: پیکر، بدن، جسم

به هجر اندر همین یک سود دیدم
که از مرگ ایمنم تا من چنینم

مرا اندوه چون کهسار گشتست
ره صبرم برو دشوار گشتست

مبادا هرگز از دردم رهایی
اگر من صبر دارم در جدایی

شکیبایی در آن دل چون بماند
که جز سوزنده دوزخ را نماند

دلی کو شد تهی از خون خود نیز
درو آرام چون گیرد دگر چیز

دروغست آنکه جان در تن ز خونست
مرا خون نیست، جانم مانده چونست؟...

مرا گویند بیماری و نالان
طبیبی جوی تا سازدت درمان

اگر درمانِ بیمار از طبیبست
مرا خود درد و آزار از طبیبست

طبیب من خیانت کرد با من
بماند از غدر[۱] او این درد با من

مرا تا باشد این درد نهانی
ترا جویم که درمانم تو دانی

---

۱. غدر: بی وفایی، پیمان شکنی

به دیدار تو باشم آرزومند
ندارم دل به نادیدنت خرسند

مرا از بخت و دادارست امید
که بازآید مرا تابنده خورشید

اگر خورشیدِ روی تو برآید
شب تیمار و رنج من سرآید

ببخشاید مرا دیرینه دشمن
چه باشد گر ببخشایی تو بر من

چه باشد گر به من رحم آوری تو
که نه از دشمنم دشمن‌تری تو

گر این نامه بخوانی، بازنایی
به بی‌رحمی دهم بر تو گوایی

چه خوش روزی بود روز جدایی ...

(چهارمین نامهٔ ویس به رامین)

چه‌خوش‌روزی بود روز جدایی
اگر با وی نباشد بی‌وفایی

اگر چه تلخ باشد فُرقتِ[۱] یار
در او شیرین بود اُمیدِ دیدار

۱. فُرقت: جدایی

خوشست‌اندوه تنهایی کشیدن
اگر باشد اُمیدِ باز دیدن

چه باشد گر خورم صد سال‌تیمار [۱]
چو بینم دوست‌را یک روز دیدار [۲]

اگریک‌روز با دلبر خوری‌نوش
کنی تیمار صد ساله فراموش

نه ای دل تو کمی از باغبانی
نه مهر تو کمست ازگلستانی

نبینی باغبان چون گل بکارد
چه‌مایه [۳] غم خورد تا گل‌برآرد

به‌روز وشب‌بود بی‌خوردوبی‌خواب
گهی پیراید [۴] او را گه دهد آب

گهی از بهر او خوابش رَمیده
گهی از خار او دستش خلیده [۵]

به امید آن همه تیمار بیند
که‌تا روزی‌بر او گل، بار [۶] بیند

۱. تیمار خوردن: غم خوردن
۲. دیدار: چهره
۳. چه مایه: چه قدر
۴. پیراستن: زینت کردن از طریق کم کردن زواید
۵. خلیده: گزیده، زخم شده
۶. بار: ثمر، میوه، برّ

نبینی آنکه دارد بلبلی را
که از بانگش طرب‌خیزد دلی را

دهد او را شب و روز آب‌و دانه
کند او را ز عُود[۱] و ساج[۲] خانه

بدو باشد همیشه خرم و کَش[۳]
بر آن امّید که بانگی کند خَوش

نبینی آنکه در دریا نشیند
چه‌مایه زو نهیب و رنج بیند

همیشه‌بی‌خور و بی‌خواب‌باشد
میان موج و باد و آب باشد

نه با این ایمِنی[۴] دارد نه با آن
گهی‌از مال‌می‌ترسد گه‌از جان

به‌امید این همه دریا گذارد[۵]
مگر سودی‌بیابد ز آنچه دارد...

همیشه تا بر آید ماه و‌خورشید
مرا باشد به وصل یار امید

۱. عود: چوبیست که چون بر آتش نهند بوی خوش دهد.
۲. ساج: نوعی چوب و درختی تناورست در هند.
۳. کَش: خوش، خوب، نیک
۴. ایمنی: آسودگی: در امان بودن، محفوظ بودن
۵. گذاردن: عبور کردن، گذر کردن

مرا در دل درخت مهربانی
به چه ماند؟[۱] به سرو بوستانی

نه‌شاخش‌خشک گردد روزِ سرما
نه برگش زرد گردد روزِ گرما

همیشه سبز و نغز و آبدارست
تو پنداری که‌هر روزش‌بهارست

ترا در دل‌درخت‌مهربانی
به‌چه‌ماند به‌گلزار خزانی

برهنه گشته و بی‌بار مانده
گل‌و برگش‌برفته، خار مانده

منم‌چون‌شاخِ‌تشنه در بهاران
تُوی‌همچون‌هوای‌ابر و باران

چنان‌مرد غریبم‌در جهان، خوار
به یاد شهر و بوم خویش بیمار

نشسته چون غریبان بر سرِ راه
همی‌پرسم‌ز حالت گاه و بی‌گاه

همی‌گویند از او امید بردار
که امید تو نَومیدی دهد بار

۱. مانستن: شبیه بودن

نَبُرَّم از تو امید ای نگارین
که تا از من نَبُرَد جان شیرین

مرا تا عشق صبر از دل براندَست
بدین امید جان من بماندَست

نسوزد جان من یکباره در تاب
که امیدت زند گه گه بَرو آب

گر امیدم نماند وایِ جانم
که بی امید یک ساعت نمانم

ناصر خسرو قبادیانی، ابومعین

۳۹۴ ـ ۴۸۱ ق

ابومعین ناصربن خسروبن حارث قبادیانی بلخی مروزی در سال ۳۹۴ قمری در قبادیان در نزدیکی بلخ (شهری در شمال‌افغانستان امروزی) در خانواده‌ای مرفه و بافرهنگ به دنیا آمد. علوم و آداب دوران خود را آموخت و تا چهل و سه سالگی در دربار پادشاهان غزنوی (سلطان‌محمود و پسرش‌سلطان‌مسعود) و سلجوقی شغل دبیری داشت. شهرت او به مروزی به علت اقامت او در شهر مرو است.

ناصرخسرو روحی جست‌وجوگر داشت و با مطالعه‌ها و بحث‌هایی که در مورد افکار و عقاید دینی می‌کرد، همواره در پی یافتن طریقی مطلوب بود. در چهل و سه سالگی – همچنانکه خود او در «سفرنامه» شرح داده است– بر اثر خوابی، از کار در دربار دست‌کشید و به مکه رفت و در طول هفت سال به شهرهای متعددی از کشورهای اسلامی آن دوره، از جمله به مصر سفر کرد. در آن سال‌ها در مصر سلسلهٔ شیعی مذهب اسماعیلیه با نام خلفای فاطمی حکومت می‌کردند. ناصرخسرو در آنجا مذهب اسماعیلیه را پذیرفت و از طرف خلیفهٔ فاطمی المستنصربالله، لقب « حجت » گرفت که عنوان و درجه‌ای در سلسله مراتب مذهب اسماعیلیه بود و از آن به بعد تخلص خود را در شعر« حجت » قرار داد. ناصرخسرو از طرف خلیفهٔ فاطمی مأمور تبلیغ مذهب اسماعیلیه در خراسان شد و به بلخ برگشت، اما در خراسان با مخالفت‌ها و دشمنی‌های اهل سنت روبرو شد و بعد از چند سفر به شهرهای مختلف خراسان بالاخره به یُمگان، دره‌ای در بدخشان (ناحیه‌کوهستانی‌واقع در مرز تاجیکستان و شمال‌شرقی افغانستان) پناه برد و حدود بیست و پنج‌سال از سال‌های آخر عمر خود را در آنجا گذراند و در سال ۴۸۱ قمری (اواخر قرن یازدهم میلادی) در همان‌جا در گذشت. آرامگاه او هنوز در آنجا باقیست.

شعر ناصرخسرو بیش از هر چیز جنبهٔ تعلیمی و ارشادی دارد و عرصه‌ای‌است برای‌عرضهٔ افکار فلسفی و دینی شاعر. ناصرخسرو افکار و عقاید خود را در شعرش، توجیه و تعلیل می‌کند و همین نکته باعث تمایز او از شاعرانی می شود که معلومات علمی و فلسفی خود را تنها برای مضمون‌سازی به کار می‌برند. در عین‌حال افکار و عقاید و فلسفهٔ دینی او در نوع تصویرهایی‌که ساخته‌است تاثیر گذاشته و به آن‌ها تازگی داده است. در آن‌دسته از قصیده‌هایی که او در آن‌ها به شرح رنج‌هایی‌که به‌خاطر پای‌بندی به عقاید خود کشیده، می پردازد، می‌توان ناصرخسروِ شاعر را دید که از جامعه‌ای‌که او را می‌آزارد، گله مند است. بدین ترتیب بعضی از شعرهایش رنگ‌اجتماعی و انتقادی به خود می‌گیرد.

زبان شعر ناصرخسرو، از کلمات و ترکیباتی سنگین و مطنطن به وجود آمده که با درونمایهٔ فلسفی و عقلانی شعر او و فریادهای اعتراضی‌که در آن‌است،کاملاً متناسب است. وزن‌های‌سنگین و اغلب ناآشنایی که برای قصیده‌های خود به‌کار می‌برد، این‌تناسب را بیشتر می‌کند و در مجموع به قصیده‌های او که شکلی یکپارچه و پیوسته دارد، حالت‌خطابه می‌دهد و فضایی‌با صلابت در شعر او به وجود می‌آورد.

از ناصرخسرو علاوه بر دیوان‌که شامل حدود ۱۱۰۰۰ بیت و حاوی‌قصیده‌ها و قطعه‌های متعدد است، دو مثنوی«روشنایی‌نامه» و «سعادت‌نامه» نیز به‌جا مانده که انتساب آن‌ها به ناصر خسرو مورد تردید است. علاوه بر این‌ها چند اثر منثور از جمله«سفرنامه»، «جامع‌الحکمتین»، «وجه دین» و «زادالمسافرین» از او باقی مانده‌است.

نکوهش مکن چرخ نیلوفری را...

نکوهش مکن چرخ نیلوفری را
برون کن ز سر باد خیره‌سری را

بری دان ز افعال چرخ برین را
نشاید نکوهش ز دانش بری را

هم امروز از پشت بارت بیفکن
میفکن به فردا مر این داوری را

چو تو خود کنی اختر خویش را بد
مدار از فلک چشم نیکْ اختری را

به چهره شدن چون پری کی توانی
به افعال ماننده شو مر پری را

ندیدی به نوروز گشته به صحرا
به عَیّوق[1] ماننده لالهٔ طری[2] را

اگر لاله پر نور شد چون ستاره
جز از وی نپذرفت صورتگری را

تو با هوش و رأی از نکو محضران چون
همی بر نگیری نکو محضری را

---

۱ . عیوق: ستاره ای در یکی از صورت های فلکی

۲ . طری: شاداب، تر و تازه، با طراوت

نگه کن که ماند همی نرگس‌نو
زبس‌سیم‌و زر تاج‌اسکندری [۱] را

درخت‌ترنج‌از بر و برگ‌رنگین
حکایت‌کند کِلّهٔ [۲] قیصری [۳] را

سپیدار ماند ه‌است‌بی‌هیچ‌چیزی
ازیرا که بگزید مستکبری [۴] را

اگر تو ز آموختن سر نتابی
بجوید سر تو همی‌سروری‌را

درخت‌تو گر بار دانش‌بگیرد
به زیر آوری‌چرخ‌نیلوفری‌را ...

چند گویی که چو هنگام بهار آید...

چند گویی که چو هنگام بهار آید
گل بیاراید و بادام به بار آید

روی بستان را چون چهرهٔ‌دلبندان
از شکوفه رخ‌و از سبزه عِذار [۵] آید

۱. اسکندری: منسوب به اسکندر
۲. کِلّه: خیمه، چادر
۳. قیصری: منسوب به قیصر، پادشاهی
۴. مستکبری: غرور، تکبر
۵. عِذار: چهره، رخسار

روی گلنار چو بزداید¹ قطره‌ی شب

بلبل از گل به سلام گلنار آید

رازدار است کنون بلبل تا یکچند

زاغ زار آید و او زی² گلزار آید

باغ را کز دی کافور نثار آمد

چون بهار آید لؤلؤش³ نثار آید

گل سوار آید بر مرکب و یاقوتین

لاله در پیشش چون غاشیه‌دار⁴ آید

گل تبار و آل⁵ دارد همه مه‌رویان

هر گهی کاید با آل و تبار آید

بید با باد به‌صلح آید در بستان

لاله با نرگس در بوس و کنار آید

باغ ماننده‌ٔ گردون شود ایدون⁶ کش⁷

زهره از چرخ سحرگه به نظاره⁸ آید

---

۱. زدودن: پاک کردن
۲. زی: به جانبِ
۳. لؤلؤ: مروارید
۴. غاشیه‌دار: حمل کننده غاشیه و غاشیه پارچه گرانبهایی بود برای پوشاندن زین اسب
۵. آل: خاندان
۶. ایدون: اکنون، اینجا
۷. کش: که او را
۸. نظاره: تماشا

اینچنین بیهده‌ها نیز مگو با من
که مرا از سخن بیهده عار آید

شصت بار آمده نوروز مرا مهمان
جز همان نیست اگر ششصد بار آید

هر که زو شُست ستمگرْ فلک، آرایش
باغِ آراسته او را به چه کار آید...

شاید که حال و کار دگر سان کنم ...

شاید که حال و کار دگر سان کنم
هرچ آن به است قصد سوی آن کنم

عالم به ماه نیسان[1] خرم شود
من خاطر از تفکر نیسان کنم

در باغ و راغِ[2] دفتر و دیوان خویش
از نظم و نثر سنبل و ریحان کنم

میوه و گل از معانی سازم همه
وز لفظ‌های خوب درختان کنم

۱. نیسان: ماه چهارم از سال شمسی عربی، برابر ماه آوریل
۲. راغ: دامنه سبز کوه

چون ابر روی صحرا بستان کند
من نیز روی دفتر بستان کنم

در مجلس مناظره بر عاقلان
از نکته‌های خوب گل افشان کنم

گر بر گلیش گردِ خطا بگذرد
آنجا ز شرح روشن باران کنم

قصری کنم قصیدهٔ خود را درو
از بیت‌هاش گلشن و ایوان کنم

جایی در او چو منظر[۱] عالی کنم
جایی فراخ و پهن چو میدان کنم

وانگه مر اهل فضل اقالیم[۲] را
در قصر خویش یکسره مهمان کنم

تا اندرو نیاید نادان که من
خانه همی نه از در[۳] نادان کنم

خوانی[۴] نهم که مرد خردمند را
از خوردنیش عاجز و حیران کنم...

۱. منظر: جایی نسبتاً بلند شبیه ایوان بر بالای بام خانه که از آن جا به اطراف می نگریستند.
۲. اقالیم: جمع اقلیم: سرزمین
۳. از در: شایسته، لایق
۴. خوان: سفره یا طبقی که در آن غذا می گذاشتند.

بگذر ای‌باد دل‌افروز خراسانی...

بگذر ای باد دل‌افروز خراسانی
بر یکی‌مانده‌به‌یُمگان[۱] دره‌زندانی

اندرین تنگی بی‌راحت بنشسته
خالی‌از نعمت‌و از ضیعت[۲] و دهقانی[۳]

برده این چرخ جفا پیشهٔ بیدادی
از دلش‌راحت‌و از تَنْش‌تن‌آسانی

دل پراندوه‌تر از نار پر از دانه
تن گدازنده[۴] تر از نال[۵] زمستانی

داده‌آن‌صورت‌و آن‌هیکل‌آبادان
روی‌زی‌زشتی‌و آشفتن و ویرانی

گشت‌چون‌برگ‌خزانی‌زغم‌غربت
آن رخ روشن چون لالهٔ بستانی

---

۱. یُمگان: نام دره ای که ناصرخسرو از دست دشمنان به آنجا پناه برده بود.
۲. ضِیعت: زمین کشاورزی و آن چه مربوط به آن است.
۳. دهقانی: زمین هایی که متعلق به مالک ده است.
۴. گداختن: بر اثر اندوه یا بیماری لاغر و نحیف شدن، گدازنده: لاغر و نحیف
۵. نال: نی

روی بر تافته از خویش چو بیگانه

دستگیرش نه جز از رحمت یزدانی

بی گناهی شده همواره بر و دشمن

ترک و تازی و عراقی و خراسانی

چه سخن گویم من با سپه دیوان

نه مرا داد خداوند سلیمانی[1] ...

مرد هشیار سخندان چه سخن گوید

با گروهی همه چون غول بیابانی ...

روزی ز سر سنگ عقابی به هوا خاست ...

روزی ز سر سنگ عقابی به هوا خاست

از بهر طمع بال و پر خویش بیاراست

بر راستی بال نظر کرد و چنین گفت

امروز همه روی زمین زیر پر ماست

گر اوج بگیرم بپرم از نظر شید[2]

می‌بینم اگر ذره‌ای اندر تک[3] دریاست

---

۱. سلیمانی: دارای ویژگی‌هایی چون ویژگی‌های سلیمان بودن. سلیمان پیغمبر بنی اسرائیل بود و یکی از ویژگی‌هایش تسلط بر دیوان بود.

۲. شید: خورشید.

۳. تک: ته، قعر.

گر بر سر خاشاک یکی پشه بجنبد
جنبیدن آن پشه عیان در نظر ماست

بسیار منی کرد[۱] و ز تقدیر نترسید
بنگر که از این چرخ جفاپیشه چه برخاست

ناگه ز کمینگاه یکی سخت کمانی
تیری ز قضا و قدر انداخت بر و راست

بر بال عقاب آمد آن تیر جگردوز
وز ابر مر[۲] او را به سوی خاک فرو کاست

بر خاک بیفتاد و بغلطید چو ماهی
وانگاه پر خویش کشید از چپ و از راست

گفتا عجب است این که ز چوب است و ز آهن
این تیزی و تندی و پریدنش کجا خاست

زی تیر نگه کرد و پر خویش برو دید
گفتا ز که نالیم که از ماست که بر ماست

نشنیده‌ای که زیر چناری کدو بنی ...

نشنیده‌ای که زیر چناری کدو بُنی
بررُست و بردوید برو بر به روز بیست

۱. منی کردن: خودپسندی کردن
۲. مَر: نشانه ای که در نثر و شعر قدیم پیش از مفعول می آمده است.

پرسید از آن چنار که تو چند روزه‌ای
گفتا چنار، سال، مرا بیشتر ز سی‌ست

خندید پس بدو که من از تو به بیست روز
برتر شدم بگوی که این کاهلیت چیست

او را چنار گفت که امروز، ای کدو
با تو مرا هنوز نه هنگام داوریست

فردا که بر من و تو وزد باد مهرگان
آنگه شود پدید که نامرد و مرد کیست

چون تیغ به دست آری مردم نتوان کشت...

چون تیغ به دست آری مردم نتوان کُشت
نزدیک خداوند بدی نیست فرامُشت

این تیغ نه از بهر ستمکاران کردند
انگور نه از بهر نبید[۱] است به چرخُشت[۲]

عیسی به رهی دید یکی کشته فتاده
حیران شد و بگرفت به دندان سرِ انگشت

۱. نبید: شراب
۲. چرخشت: حوضی که در آن انگور ریزند و با فشردن انگور، آب و شیره انگور را می گیرند.

گفتا که کرا کشتی تا کشته‌شدی زار
تا باز که‌او را بکشد آنکه‌ترا کشت

انگشت مکن رنجه به در کوفتن کس
تا کس نکند رنجه‌به‌در کوفتنت مشت

مسعود سعد سلمان

؟ ۴۳۸ ـ ۵۱۵ ق

مسعود بن سعد سلمان از شاعران اواخر قرن پنجم هجری قمری در حدود سال ۴۳۸ قمری در شهر لاهور (واقع در پاکستان امروز) به دنیا آمد. پدرش از بزرگان دربار غزنوی بود. مسعود سعد نیز در دستگاه پادشاهان دورهٔ آخر سلسله غزنوی، شغل‌هایی برعهده داشت. از این‌رو بر اثر رقابت‌ها و خصومت‌های سیاسی بین پادشاهان و شاهزادگان آن سلسله، چندین بار مغضوب و معزول شد و به زندان افتاد و در مجموع نزدیک به هجده سال از عمر او در زندان گذشت. مسعود سعد در اواخر عمر مورد عفو قرار گرفت و در سال‌های پایانی عمر، مسئول کتابخانه سلطنتی دربار غزنویان شد.

دیوان مسعود سعد شامل نزدیک به ۱۷۰۰۰بیت است. بهترین شعرهای او قصیده‌هایی‌است‌که در زندان‌هایی‌که در آن‌ها محبوس بوده، سروده است و در آن‌ها از رنج اسارت شکایت کرده‌است. اگر چه شرح تجربه زندان‌که در اصطلاح به آن‌ها حبسیه می‌گویند در شعرهای بعضی‌از شاعران فارسی‌زبان، سابقه دارد، اما حبسیه‌های مسعود سعد بر اثر طول مدت زندان و به‌خاطر صعوبت و سختی‌آنچه بر او گذشته و قدرتی‌که او در بیان آن‌ها داشته، بیش‌از همه معروفیت یافته‌است.

از میان همه اجزای طبیعت، وصف‌شب در شعر مسعود سعد بیش از همه، برجستگی دارد که می‌تواند علت آن زندانی بودن او باشد و نیز اطلاع او از علم نجوم‌که مایه توجه او به آسمان شب شده‌است.

مسعود سعد در سال ۵۱۵ هجری قمری (اوایل قرن دوازدهم میلادی) درگذشت.

ای‌لاهوور! ویحک بی من چگونه ای؟

ای لاهوور! ویحک[۱] بی من چگونه‌ای
بی آفتاب روشن ، روشن چگونه‌ای

ای آنکه باغ طبع من آراسته ترا
بی لاله و بنفشه و سوسن چگونه‌ای

تو مَرغزار[۲] بودی و من شیر مرغزار
با من چگونه بودی و بی من چگونه‌ای

ناگه عزیزْ فرزند از تو جدا شده ست
با درد او به نوحه و شیون چگونه‌ای

بر پای تو دو بند گرانست چونستی
بی‌جان شدی تو اکنون بی‌تن چگونه‌ای

نفرستی‌ام پیام و نگویی به حسن عهد
کاندر حصار[۳] بسته‌چو بیژن[۴] چگونه‌ای...

۱ . ویحک: مرکب از ویح (کلمه ترحم و توقع) + ک ضمیر مخاطب به معنی وای بر تو برای بیان شگفتی یا نفرت
۲ . مرغزار: سبزه زار
۳ . حصار : قلعه ، دژ
۴ . بیژن : پسر گیو و خواهر زادهٔ رستم که افراسیاب او را در چاهی زندانی کرد و رستم او را نجات داد .

نالم به دل‌چو نای من اندر حصارِ نای...

نالم‌به‌دل‌چو نای من‌اندر حصار نای[۱]
پستی گرفت همت من زین‌بلند جای

آرد هوای نای مرا ناله‌های زار
جز ناله‌های‌زار چه‌آرد هوای‌نای

گردون‌به‌درد و رنج‌مرا کشته‌بود اگر
پیوند عمر من نشدی نظم جانفزای...

من‌چون‌ملوک‌سر ز فلک‌بر گذاشته
زی‌زُهره‌برده‌دست‌و به‌مه‌بر نهاده‌پای

از دیده‌گاه پاشم دُرهای قیمتی
وز طبع گه‌خرامم‌در باغ‌دلگشای

نظمی‌به‌کامم‌اندر چون بادهٔ لطیف
خطی‌به‌دستم‌اندر چون‌زلف‌دلربای...

امروز پست‌گشت مرا همت‌بلند
زنگار غم‌گرفت‌مرا تیغ‌غم‌زدای

۱. حصار نای: قلعه ای که شاعر سه سال در آنجا محبوس بود.

از رنج تن تمام نیارم نهاد پی[۱]
و ز درد دل‌بلند نیارم کشید وای...

ای محنت ار نه کوه شدی ساعتی برو!
وی دولت ار نه باد شدی لحظه‌ای بپای!...

ای بی‌هنر زمانه مرا پاک در نورد!
وی کوردل سپهر مرا نیک برگرای[۲]!

ای روزگار هر شب و هر روز از حسد
ده چَه[۳] زمحنتم کن و ده در زغم گشای!...

گفتی که وفا کنم، جفا کردی...

گفتی که وفا کنم، جفا کردی
وز خود همه ظنّ من خطا کردی

زان پس که بر آنچه گفته بودی تو
صد بار خدای را گوا کردی

۱. پی: پا
۲. برگراییدن: آزمودن: امتحان کردن
۳. چه: چاه

در آب دو دیده آشنا[1] کردم
تا با غم خویشم آشنا کردی

شرمت ناید ز خویشتن کز من
برگشتی و یار ناسزا کردی

کردی تو مرا به‌کام بدگویان
ای بی‌معنی! چنین چرا کردی

من چون دل خود به‌تو رها کردم
ای دوست! چرا مرا رها کردی

آن دل که ز من به قهر بربودی
از بهر خدای را کجا کردی؟

از من دل خویش بستدی، ترسم
آن‌را به دگر کسی عطا کردی...

۱ . آشنا: شنا

ما را به صبح مژده همی داد...

مار ا به صبح‌مژده همی‌داد　　آن راستگو خروس‌مجرّب[۱]

بر زد دو بال‌خود را بر هم　　از چیست آن ندانم یارب

هست‌از نشاطِ آمدن روز　　یا از تأسفِ شدنِ[۲] شب؟

۱. مجرّب: آزموده، باتجربه
۲. شدن: رفتن

خیام‌نیشابوری، ابوالفتح‌عمر

؟ _ ۵۱۵ یا ۵۱۷ ق

ابوالفتح‌عمربن ابراهیم خیام نیشابوری در اواسط قرن پنجم در نیشابور به دنیا آمد و در سال ۵۱۵ یا ۵۱۷ قمری (اواسط قرن دوازدهم میلادی) در همان شهر درگذشت. این فیلسوف، پزشک، ریاضی‌دان و منجم بزرگ، تأملات خود را دربارۀ جهان هستی و زندگی بشر در قالب رباعی‌هایی‌که شهرت جهانی یافته، بیان کرده‌است.

شعر خیام بیش از هر شاعر فارسی‌زبان دیگری حاصل‌اندیشه و تفکر است. خیام دلیلی برای آفرینش بشر نمی‌یابد و زندگی را که سرانجام به‌مرگ می‌انجامد، بی‌حاصل می‌بیند و بهره‌گرفتن از زندگی و مغتنم شمردن دوران کوتاه حیات را تنها راه مقابله با این‌سرنوشت ناگزیر می‌داند. این طرز تفکر اگر چه در بعضی از شاعران و فیلسوفان پیش از او نیز دیده می‌شود، در دورۀ معاصر به نام او سکه خورده و به «تفکر خیامی» معروف شده‌است.

زبان شعر خیام بسیار ساده و درک آن برای همگان آسان‌است و با آنکه شعر او بر خاسته از دیدگاهی فلسفی است، در آن از اصطلاحات فلسفی کمتر نشانه‌ای می‌توان یافت.

خیام همزمان با پادشاهان سلجوقی(۴۲۹ _ ۵۵۲ق) می‌زیست و اگر چه به عنوان منجم و پزشک با دربار سلجوقیان در ارتباط بود، اما شاعر درباری نبود و اساساً در زمان حیات معروفیتی درشاعری نداشت، علاوه بر آن افکار و عقایدی‌که در شعرهای خود بیان می‌کرد، با اعتقادهای متداول در جامعۀ متعصب زمانه‌اش همخوانی نداشت؛ به‌همین جهت در دوران حیات و حتی تا سال‌ها بعد از مرگ خیام، شعرهای‌او در منابع ادبی کمتر ضبط شده‌است، اما هر چه از زمان حیات او دورتر می‌شویم، بر تعداد رباعی‌هایی‌که به او نسبت داده شده، افزوده شده، به این معنی‌که‌گردآورندگان جُنگ‌ها، رباعی‌هایی را که به لحاظ مضمون به‌رباعی‌های او شباهت داشته، به‌نام او ضبط کرده‌اند؛ درنتیجه حجم آنچه به رباعیات خیام معروف شده، چندین برابر رباعیاتی است که به‌طور قطع می‌توان آن ها را از خیام دانست. تعداد رباعی‌هایی که به طور پراکنده در منابع مختلف از خیام ضبط شده و در اصالت آن‌ها تردیدی نیست ۵۷ است. بعضی‌از پژوهشگران تعداد رباعی‌های اصیل او را ۶۶ و در نهایت حدود ۱۷۸ دانسته‌اند.

شهرت جهانی‌خیام حاصل‌ترجمه‌ای‌است‌که ادوارد فیتز جرالد (۱۸۰۹ ـ ۱۸۸۳م) ادیب و شاعر انگلیسی‌از شعرهای او منتشرکرد. فیتز جرالد با درک دقیق فلسفهٔ خیام و با استفاده از فضای شعر او، درونمایهٔ رباعی های او را در قالب شعر انگلیسی ریخته‌است. ترجمه او مقدمهٔ آشنایی جهان با خیام و ترجمه شدن شعر او به زبان‌های دیگر شد.

از خیام علاوه بر رباعیات در زمینهٔ نجوم و ریاضیات چند کتاب و رساله مهم باقی مانده‌است.

رباعی‌هایی که از خیام دراین مجموعه انتخاب‌شده، از کتاب«چشمهٔ روشن »گرد آوردهٔ دکتر غلامحسین یوسفی است که در انتخاب خود بر اصالت آن ها تاکید داشته است.

دارنده چو ترکیب چنین خوب آراست...

دارنده‌چو ترکیب‌چنین‌خوب آراست باز از چه‌سبب‌فگندش‌اندر کم‌و کاست؟
گر خوب نیامد این بنا عیب‌کراست؟ ور خوب آمد خرابی از بهر چراست؟

در دایره‌ای کآمدن و رفتن ماست...

در دایره‌ای کآمدن و رفتن ماست او را نه بدایت[1] نه نهایت پیداست!
کس‌می‌نزند دمی‌دراین‌معنی‌راست کاین آمدن‌از کجاو رفتن‌به کجاست!

ترکیب‌پیاله‌ای که درهم پیوست...

ترکیب پیاله‌ای که در هم پیوست بشکستن آن روا نمی‌دارد مست
چندین‌سر و پای‌نازنین‌و بر[2] و دست از مهر که‌پیوست‌و به‌کین که‌شکست؟

هر ذره‌که درخاکِ زمینی بوده ست...

هر ذره‌که‌درخاک‌زمینی‌بوده‌ست پیش‌از من‌و توتاج‌و نگینی بوده‌ست
گرد از رخ نازنین به آزرم[3] فشان کان هم رخِ خوبِ نازنینی بوده‌ست

---

۱. بدایت: ابتدا، شروع، آغاز
۲. بر: سینه
۳. آزرم: ملایمت و مهربانی

برگیر پیاله و سبو ای دلجوی...

برگیر پیاله و سبو ای دلجوی — خوش‌خوش‌بخرام گِرد باغ‌و لب‌جوی
بس‌شخص‌عزیز راکه‌چرخ‌بدخوی — صد بار پیاله‌کرد و صد بار سبوی

از دی که‌گذشت هیچ از او یاد مکن...

ازدی که‌گذشت‌هیچ‌از او یاد مکن — فردا که نیامده ست فریاد مکن
بر نامده و گذشته بنیاد مکن — حالی‌خوش‌باش‌و عمر بر باد مکن

در کارگه‌کوزه‌گری رفتم دوش...

در کارگه‌کوزه‌گری‌رفتم‌دوش — دیدم دو هزار کوزه گویا و خموش
ناگاه یکی‌کوزه‌برآورد خروش — کو کوزه‌گر و کوزه‌خر و کوزه‌فروش؟

چون‌ابر به نوروز رخ لاله بشست...

چون ابر به نوروز رخ لاله‌بشست — بر خیز و به جام باده‌کن‌عزم درست
کاین‌سبزه‌که‌امروز تماشاگه‌تست — فردا همه‌از خاک‌تو بر خواهد رُست

یک قطرهٔ آب بود و با دریا شد...

یک قطرهٔ آب بود و با دریا شد　　یک ذرهٔ خاک و با زمین یکتا شد
آمد شدنِ تو اندر این عالم چیست؟　　آمد مگسی پدید و ناپیدا شد!

وقت سحرست خیز ای مایهٔ ناز...

وقت سحرست خیز ای مایهٔ ناز　　نرمک نرمک باده خور و چنگ نواز
کان‌ها که بجایند نپایند بسی　　وان‌ها که شدند کس نمی‌آید باز

ایام زمانه از کسی دارد ننگ...

ایام زمانه از کسی دارد ننگ　　کو در غم ایام نشیند دلتنگ
می‌نوش در آبگینه[۱] با نالهٔ چنگ　　زان پیش کِت[۲] آبگینه آید بر سنگ[۳]

از جملهٔ رفتگانِ این راهِ دراز...

از جملهٔ رفتگان این راه دراز　　بازآمده‌ای کو که به ما گوید راز؟
پس بر سر این دو راههٔ آز و نیاز[۴]　　تا[۵] هیچ نمانی[۶] که نمی‌آیی باز

---

۱. آبگینه: ظرف شیشه ای یا بلوری، به ویژه جام شراب
۲. کِت: که ترا
۳. آبگینه بر سنگ آمدن کنایه از مرگ است.
۴. نیاز: حرص
۵. تا: زنهار، هان
۶. ماندن: به جا گذاشتن

آن قصر که بر چرخ همی زد پهلو ...

آن قصر که بر چرخ همی زد پهلو[۱]   بر درگه او شهان نهادندی رو
دیدیم که بر کنگره اش فاخته ای   بنشسته همی گفت که کوکو کوکو

این چرخ فلک که ما در او حیرانیم ...

این چرخ فلک که ما دراو حیرانیم   فانوسِ خیال[۲] از او مثالی دانیم
خورشید چراغ دان و عالم فانوس   ماچون صوریم[۳] کاندر او گردانیم[۴]

---

۱. پهلوزدن بر: برابری و مقابله کردن با
۲. فانوس خیال: چراغی که در جلو آن شکل هایی نگه می داشتند تا تصویر آن ها روی پرده بیفتد.
۳. صُوَر : جمع صورت : تصویر ؛ نقش
۴. گردان : آنچه به گِرد خود یا چیزی می چرخد.

سنایی‌غزنوی، ابوالمجد مَجدود

٤٦٧ ـ ٥٢٩ ق

ابوالمجد مَجدودبن آدم سنایی غزنوی در سال ۴۶۷قمری در غزنه(غزنین) در شرق افغانستان امروزی متولد شد. علوم و معارف دورهٔ خود را فراگرفت و سفرهایی به شهرهای دور و نزدیک خراسان‌کرد. دوران زندگی او مصادف بود با حکومت دوتن از آخرین پادشاهان غزنوی یعنی مسعودبن ابراهیم(۴۹۲ ـ ۵۰۸ق) و بهرامشاه بن مسعود (۵۱۱ ـ ۵۵۲ق). سنایی به دربار این دو پادشاه وابسته بود و قصیده‌های بسیاری در مدح آن‌ها و بزرگان دربار آن‌ها سروده‌است. اما آنچه سنایی را در تاریخ شعر فارسی ماندگار کرده‌است، قصیده‌هایی است‌که در آن‌ها به‌مسائل‌اخلاقی و اجتماعی زمان خود و نقد آن ها می پردازد و می توان آن ها را شعر «اعتراض» خواند، کاری‌که اندکی پیش از او ناصرخسرو (۳۹۴ ـ ۴۸۱ق) با دیدگاه و هدفی متفاوت انجام داده بود. وجه مهم‌تر شاعری سنایی، سرودن غزل‌ها و منظومه‌های عارفانه است. او که نخستین شاعر عارف ما به‌شمار می‌آید، آغازگر شعر عرفانی، یعنی شاخه‌ای از شعر فارسی‌است‌که فضایی تازه در شعر فارسی ایجاد کرد و بعدها با شعر عطار و مولوی به اوج رسید. در این غزل ها شور و حال و تجربه های روحی او با قدرت تمام خود را نشان می دهد. بخشی از شعرهای دیوان سنایی‌از دیرباز «قلندریات» نام گرفته است که نوع خاصی‌از شعر عرفانی‌است. در اغلب شعرهایی که در دیوان سنایی به نام«قلندریات» ضبط شده، بیشترِ درونمایه‌ها و تصویرهایی‌که به کار رفته از مسایل‌کیهانی و ازلی و ابدی‌مایه‌گرفته‌است و درآن‌ها، آنچه مربوط به عرف و اخلاق معمول در جامعه‌است، نفی شده‌است. در کنار این دو نوع شعر سنایی مدیحه ها و هجویه هایی هم سروده است که هیچکدام به لحاظ ارزش ادبی به پای شعرهای عرفانی و قصیده های اخلاقی و اجتماعی او نمی رسند.

از آن‌جا که بین شعرهای عرفانی سنایی و مدایحی‌که او برای پادشاهان سروده‌است، به‌لحاظ اندیشه و تفکر، تفاوت و تناقض بسیار به چشم می‌خورد، درباره تحول روحی‌او در اواسط عمر و استحالهٔ او از شاعر درباری به شاعر عارف، در کتاب‌های مربوط به اهل تصوف، افسانه‌هایی نقل شده‌است تا این تفاوت و فاصله توجیه شود. حقیقت این است‌که با آنکه در آثار سنایی جابه‌جا به گله و شکایت از ناکامی در شاعری برمی‌خوریم که می‌تواند نشانهٔ دلزدگی او از دربار و درباریان باشد، اما بعضی از شواهد نشان می‌دهد که او در عین دلبستگی به عرفان، ارتباط خود را با دربار یکسره نگسسته بودو دو وجه متباینِ شخصیت او در شعرهای‌عرفانی و در مدیحه‌هایی‌که حتی‌تا اواخر عمر سروده‌است، بارز و آشکار است.

سنایی در سال ۵۲۹هجری قمری(اواسط قرن دوازدهم میلادی) در غزنین درگذشت و مقبرهٔ او هنوز در این شهر باقیست.

شعر سنایی همچون شعر دیگر شاعران هم‌دورهٔ او پر است از اشاره به‌حدیث‌ها و آیه‌ها و قصه‌ها و تمثیل‌ها و اصطلاح‌های علمی‌که حاصل آشنایی و بهره‌وری او از علوم مختلف است و سنایی اولین کسی است که این همه را برای بیان مفاهیم و عوالم عرفانی یا پند و اندرز به‌کار برده‌است. زبان سنایی در غزل‌ها و مثنوی‌ها نسبتاً ساده و در قصیده‌ها حاوی واژگانی‌است سنگین و استوار که مفاهیم اخلاقی و عرفانی و نقد اجتماعی و پند و اندرز را از طریق آن‌ها بیان می‌کند.

از سنایی، علاوه بر دیوان(شامل‌قصیده، غزل، رباعی و غیره) که حدود ۱۴۰۰۰ بیت را در بردارد، چندین‌اثر دیگر باقی مانده‌که‌کتاب‌های زیر به‌طور مسلم‌از اوست:

۱. کارنامهٔ بلخ: مثنوی‌کوتاهی‌که بیشتر حاوی‌شرح احوال شاعر و پدر اوست.

۲. سیرالعبادالی‌المعاد: مثنوی‌کوتاهی‌که جنبهٔ رمزی دارد در شرح سفری روحانی و عرفانی.

۳. تحریمهٔ القلم: مثنوی کوتاه عارفانه.

۴. حدیقهٔ الحقیقهٔ و شریعهٔالطریقهٔ یا «فخری‌نامه» یا «الاهی‌نامه» که آخرین‌و مهم‌ترین اثر اوست. و در آن هم به علم و حکمت و عشق پرداخته‌است و هم به‌مدح بهرامشاه و بزرگان دربار او.

از سنایی‌چند نامه به نثر نیز باقی مانده‌است.

مرد هشیار در این عهد، کم است ... [*]

مرد هشیار، در این عهد، کم است
ور کسی هست، به دین متهم[۱] است

هر کجا جاه، در آن جاه، چَه[۲] است
هر کجا سیم، در آن سیم، سم[۳] است

دست آن کز قلم ظلم تهی است
پای آنکس به حقیقت، قلم[۴] است

رُسته نزدِ همه کس فتنه گیاه[۵]
هرکجا بوی تَف[۶] و نامِ نم است

همه شیرانِ زمین در اَلَمند
درهوا شیرِ عَلَم[۷] بی اَلَم[۸] است

هر که را بینی پر باد از کِبر
آن نه از فربهی[۹] آن از وَرَم است

---

* . بخشی از قصیده ای در نقد اجتماعی.
۱ . به دین متهم است: در امر دین به او تهمت می زنند و به بی دینی یا بددینی متهم می کنند.
۲ . چَه: چاه
۳ . سَم: زهر
۴ . قلم شدن: قطع شدن با یک ضربت
۵ . فتنه گیاه: گیاه فتنه
۶ . تَف: گرما
۷ . شیرِ عَلَم: نقش شیری که بر روی عَلَم ها می کشیده اند.
۸ . اَلَم: رنج
۹ . فربهی: چاقی

از یکی در نگری تا به هزار

همه را عشقِ دوام و دِرَم[1] است

پادشا را زِ پیِ شهوت و آز

رخ به سیمین بر و سیم ستم[2] است

اُمرا را زِ پیِ ظلم و فساد

دل به زور و زر و خیل[3] و حشم[4] است

سگ پرستان[5] را چون دُمّ سگان

بهر نان، پشتِ دل و دین بخم[6] است

فقها را غرض از خواندن فقه

حیلهٔ بیع ربا[7] و سلم[8] است

صوفیان را زِ پیِ راندن کام[9]

قبله شان شاهد[10] و شمع و شکم است

زاهدان را زِ برای زه و زه[11]

قل هُوَالله اَحَد دام و دم[12] است

---

۱. دوام و درم: دوام (باقی و پایدار ماندن)، درم (سکّه)، دوام و درم: عمر و ثروت زیاد

۲. سیم ستم: سیم (سکّه نقره، پول)، سیم ستم: پول و ثروتی که با زور و ظلم از مردم می‌گیرند.

۳. خیل: گلّه اسبان، مجازاً گروه سواران سپاهی

۴. خَشَم: چهارپایان، مجازاً خدمتکاران و زیردستان

۵. سگ پرستان: کنایه از اطرافیان حاکمان

۶. بخم: خمیده

۷. بیع ربا: بیع به معنی خرید و فروش، و ربا به معنی سودی است که بدهکار افزون بر اصل بدهی به طلبکار می‌پردازد. بیع ربا: خرید و فروشی که در آن سود و بهره گرفته می‌شود.

۸. سَلَم: پیش فروش کردن غلّه و مانند آن که معمولاً به قیمت کمتر از قیمت واقعی است.

۹. راندن کام: کامرانی، خوشگذرانی

۱۰. شاهد: معشوق

۱۱. زه و زه: (زهزاه): آفرین، احسنت، مرحبا

۱۲. دام و دم: دام به معنی تله و دم به معنی فریب دادن است، دام و دم: حیله و فریبکاری

حاجیان را ز گدایی و نفاق
هوس و هوش به طبل و عَلم[۱] است...

طبع بُرنا بر یک ساعَتِه عیش
عاشقِ شُربِ می و زیر و بم است...

مرد ظالم شده خرسند بدین
که بگویند: «فلان محترم است.»

همه بد گشته و عذر همه این:
«گر بدم من، نه فلان نیز هم است؟»...

ای پُر دُر، گوش من ز چنگت...

ای پُر دُر، گوش من ز چنگت!
وی پر گل، چشم من، ز رنگت!

هنگام سماع[۲]، برتوان چید،
تَنگ[۳] شکر از دهان تنگت

چون چنگ به چنگ بر نهادی
آید ز هزار زُهره[۴] ننگت

هم صورت آهویی، به دیده[۵]
زین است تکبر پلنگت

در صلح چه گونه‌ای که باری
شهری است پر از شِکَر ز جنگت

۱. طبل و علم: اشاره است به رسمی که در قدیم اجرا می شده است و هنگام سفر حج پیشاپیش کاروان با حمل علم و کوبیدن طبل رفتن یا بازگشتن آن ها را اعلام می کرده اند.
۲. سماع: خنیاگری و آوازخوانی
۳. تنگ: بار شکر، یک خروار شکر
۴. زهره: ستاره ناهید که خنیاگر آسمان نامیده شده و چنگ زهره در ادبیات فارسی مورد توجه شاعران بوده است.
۵. به دیده: به لحاظ دیده، به لحاظ چشم

هزار سال به‌امید تو توانم بود...

هزار سال به امید تو توانم بود
هرآنگهی که‌بیابم، هنوز باشد زود

مرا وصال نباید، همان امید خوش است
نه‌هرکه‌رفت، رسید و نه‌هرکه‌کِشت، درود

مرا هوای تو غالب‌شده‌ست بر یک‌حال
نه از جفای تو کم شد نه از وفا افزود[۱]

من‌از تو هیچ‌ندیدم، هنوز خواهم‌دید
ز شیر صورت‌او دیدم و زآتش، دود

همیشه‌صید توخواهم بُدَن[۲]، که‌چهرهٔ‌تو،
نمودنی بنمود و ربودنی بربود[۳]

ای من مه نو به روی‌تو دیده!

ای‌من‌مه‌نو به‌روی‌تو دیده[۴]!
وندر تو به‌ماهِ نو بخندیده[۵]!

---

۱. نه از وفا افزود: حرف اضافه بر ، به تبع حرف اضافه جمله قبلی تبدیل به از شده است.
۲. بُدَن: بودن
۳. نمودنی بنمود و ربودنی بربود: زیبایی خود را به من نشان داد و دل من را ربود، در قدیم نمودن و ربودت تعبیری رایج بوده است.
۴. ای من مه تو... اشاره است به این عقیده که به محض دیدن ماه نو، باید چشم را بست و چشم به چیزی یا کسی که شگون داشته باشد باز کرد.
۵. واندر تو به ماه... شاعر دو اصطلاح در کسی خندیدن به معنی لبخند زدن به کسی و به کسی خندیدن به معنی مسخره کردن کسی را به کار برده است.

تو نیز ز بیم خصم اندر من
از دور نگاه کرده دزدیده

بنموده فلک مه‌نو و خودرا
در زیر سیاه ابر پوشیده

تو نیز مه چهارده بنمای!
بردار ز روی، زلفِ ژولیده

کی‌باشد، کی که‌در تو آویزم؟
چون در زر و سیم‌مردِ نادیده؟

تو روی مرا به‌ناخنان‌خسته
من‌دو لب‌تو به‌بوسه‌خاییده[1]

ای‌تو چو پری‌و من‌ز عشقِ تو
خود را لقبی نهاده شوریده

این‌چه‌قرن‌است؟ این که در خوابند بیداران همه...

این‌چه قرن است این‌که در خوابند بیداران‌همه
وین چه‌دور[2] آمد که چون مستند، هشیاران‌همه

طوق‌منّت‌یابم‌اندر حلقِ حق‌گویان‌دین
خواب‌غفلت‌بینم اندر چشم‌بیداران‌همه

۱. خاییدن: جویدن، گاز گرفتن
۲. دور: زمانه و نیز گردش جام در بزم می خواران. شاعر در این جا این کلمه را به دو معنی به کار برده که اصطلاحاً به آن ایهام می گویند.

در لباس مصلحت رفتند زرّاقان[۱] دهر
بر بساطِ صاینی[۲] شِستند[۳] طرّاران[۴] همه

ای جهان‌دیده! کجایند آن جهانداران کجا؟
وی ستم‌دیده! کجایند آن ستمکاران همه؟

آنکه‌از من‌زاد کو و آنک‌ازو زادم کجاست
آن رفیقان نکو و آن مهربان یاران همه

وان سمن‌رویانِ گل‌بویانِ حورا[۵] پیکران
آن که گل بودی خجل زان روی گلناران همه

مرگشان هم‌قهر[۶] کرد آخر به‌امر کردگار
ای‌سنایی! مرگ‌دان قهارِ[۷] قهاران همه

قصه‌ای یاد دارم از پدران...

قصه‌ای یاد دارم از پدران
زان جهان‌دیدگانِ پرهنران

داشت زالی به روستای تکاو[۸]
مِهْسَتی[۹] نام‌دختری و سه گاو

---

۱ . زرّاق: زرق پیشه، ریاکار و فریبکار
۲ . صاین: کسی که از آنچه در دین و اخلاق منع شده خود را دور نگه می دارد.
۳ . شِستن: در لهجه های شرقی زبان فارسی به معنی نشستن است.
۴ . طرار: جیب بر، دزد چالاک
۵ . حورا: زن سیاه چشم بهشتی، جمع آن حور است.
۶ . قهر کردن: مقهور کردن و شکست دادن.
۷ . قهار: شکست دهنده، مقهور کننده
۸ . تکاو: نام روستایی در خراسان
۹ . مهستی: اسم خاص به معنی بانوی بزرگ. مِه (بزرگ) + سَتی (خانم)

نوعروسی چو سرو تر' بالان'

گشت روزی ز چشم بد نالان

گشت بدرش' چو ماه نو باریک

شد جهان پیش پیرزن تاریک

دلش آتش گرفت و سوخت جگر

که نیازی' جز او نداشت دگر

زال' گفتی همیشه با دختر

پیش تو باد مُردن مادر

از قضا گاو زالک از پی خَورد'

پوز روزی به دیگش اندر کرد

ماند چون پای مُقعد' اندر ریگ

آن سر مرده ریگش' اندر دیگ

گاو، مانند دیوی از دوزخ

سوی آن زال تاخت از مطبخ

زال پنداشت هست عزراییل

بانگ برداشت از پی تهویل'

---

۱. تر: تازه، سرسبز

۲. بالان: بالنده

۳. بدر: ماه تمام

۴. نیاز در: اینجا مجازاً محبوب

۵. زال: پیر، سپیدموی

۶. خَورد: خوردن

۷. مُقعد: زمینگیر، ازپای افتاده

۸. مرده ریگ: اصلاً به معنی میراث و در مورد نفرین به کار رود: مرده شوی برده.

۹. تهویل: ترساندن

کای مَقَلمُوت[1] من نه مِهَستی‌ام
من یکی زال پیر محَنتی[2] ام

تندرستم من و نیم بیمار
تو خدا را! مرا بدو مشمار[3]

گر ترا مهستی همی باید
آنک او را ببر، مرا شاید!

تا بدانی که وقت پیچاپیچ[4]
هیچکس مر ترا نباشد هیچ

عشق و غم تو اگرچه بیدادان اند...

عشق و غمِ تو اگر چه بیدادان‌اند | جان و دل من، ز هر دو، آبادان‌اند
نبود عجب ار ز یکدگر شادان‌اند | چون جانِ من و عشق تو همزادان‌اند

با من ز دریچه ای مشبّک، دلکش...

با من ز دریچه‌ای مشبّک، دلکش | ازلطف سخن گفت، به هر معنی خَوش
می‌تافت چنان جمال آن حوراوش | کز پنجرهٔ تنور، نورِ آتش

۱ . مقلموت: ملک الموت، عزراییل
۲ . محنتی: محنت زده، رنج دیده
۳ . مرا بدو مشمار: مرا به جای او مگیر
۴ . وقت پیچاپیچ: کنایه از وقت دشواری و سختی

انوری ابیوردی، فریدالدین (اوحدالدین) محمد

؟ ـ ۵۸۳ ق

فریدالدین(اوحدالدین) محمدبن علی بن اسحاق انوری ابیوردی در اوایل قرن ششم در باذَنه روستای کوچکی در ناحیه ابیورد واقع در دشت خاوران(واقع در ترکمنستان امروزی) به دنیا آمد و درحدود سال ۵۸۳ هجری قمری (اواخر قرن دوازدهم میلادی) احتمالاً در بلخ (واقع در افغانستان امروزی) درگذشت.

انوری در خانواده‌ای مرفه و وابسته به دستگاه حکومت به دنیا آمد و بسیاری از علوم زمان خود را از قبیل ریاضیات، نجوم، هیئت، منطق و فلسفه، طب و نیز ادبیات عرب را در حدّ عالی آموخت و چنانکه معروف است در زمینهٔ علوم نیز کتاب‌هایی نوشت. دوران زندگی او همزمان با سلطنت سلطان سنجر پادشاه مقتدر سلجوقی بود و او که در ابتدا (به مناسبت نسبتش به دشت خاوران) خاوری تخلص می‌کرد، از جمله شاعران دربار سلطان سنجر به شمار می آید.

شهرت انوری در تاریخ شعر فارسی بیشتر به سبب قصیده‌های مدحی اوست که در آن‌ها از شکل مرسوم قصیده‌های مدحی شاعران گذشته دور شده و شیوه‌های تازه‌ای در آن‌ها ابداع کرده‌است؛ از آن جمله شروعِ بدون مقدمه قصیده‌های مدحی و به‌کار بردن زبانی که هم به لحاظ ترتیب اجزای جمله و هم به لحاظ نوع واژگان، به زبان گفتاری بسیار نزدیک‌است.

این شیوهٔ خاص را در قطعه‌ها و غزل‌های انوری به شکلی مشخص‌تر می‌بینیم. همین خصوصیت زبانی باعث شده که بسیاری از بیت‌ها و مصراع‌های او به‌صورت ضرب‌المثل وارد زبان ادبی و گفتاری مردم شود. از سوی دیگر از آن‌جا که او در شعر خود اصطلاحات و ضرب‌المثل‌های رایج در زبان مردم را به فراوانی به کار برده، بسیاری از آن‌ها از طریق شعر او محفوظ مانده‌است. به لحاظ مضمون، شعر انوری سرشار از عقاید و دیدگاه هایی بسیار متفاوت است. بیشترین مضمونی که در شعر او به چشم می خورد، ستایش و مدح در حدّ چاپلوسی‌است که در قصیده‌ها و قطعه‌های او کاملا خود را نشان می‌دهد. درهمین حال انوری شعرهای بسیاری نیز در ستایش مناعت طبع و قناعت سروده که کاملا با شیوهٔ زندگی خود او در تضاد است، یا در عین وابستگی اش به شعر و شاعری، گاه با زبانی تند و تیز شاعران را نکوهش می‌کند و آنان را موجوداتی بی‌درد و به دردنخور می بیند. مقایسهٔ غزل هایی که او با مضمون های عرفانی سروده، با شعرهای آلوده به تملق و حاکی از در خواست های حقیر او از ممدوحان، نیز این تضاد و تفاوت را به خوبی آشکار می‌کند. می توان به این نتیجه رسید که او نیز همانند سنایی پیوسته بین دو شخصیت متفاوت و متضاد خود در کشاکش و جدال بوده است. آنچه قابل توجه است، مهارتی است که او و در بیان

این عقاید و دیدگاه های جورا جور به زبان شعر نشان می دهد.

شعر انوری به‌خصوص در قصیده‌ها، تحت‌تاثیر معلومات فنی و علمی‌او قرار گرفته و درک تصویرهایی را که با استفاده از آن معلومات ساخته و پرداخته‌است، مشکل کرده‌است، به‌طوری‌که بسیاری از قصیده‌های او نیاز به شرح و تفسیر دارد.

طنز و هجو و هزل نیز در شعر انوری، جایی به‌سزا دارد. بسیاری از قطعه‌های او ناهنجاری های جامعۀ دوران زندگی او را به خوبی برملا می کند.

ای برادر! بشنوی رمزی ز شعر و شاعری ... *

ای‌برادر! بشنوی رمزی ز شعر و شاعری
تا ز ما، مشتی گدا، کس‌را بمردم‌نشمری [۱]!

دان‌که‌از کنّاسِ [۲] ناکس‌درممالک‌چاره‌نیست
حاشَ لِلّه [۳] تا نداری این سخن را سرسری!

زانکه‌گر حاجت‌فتد تا فضله‌ای‌را کم‌کنی
ناقلی باید تو نتوانی‌که خود بیرون بری

کارِ خالِد جز به جعفر کی شود هرگز تمام
زان یکی جولاهگی [۴] داند دگر برزیگری [۵]

باز اگر شاعر نباشد هیچ نقصانی فتد
در نظامِ عالم‌از روی خرد گر بنگری؟

آدمی‌را چون‌مَعونت [۶] شرط کار شرکتست
نان ز کنّاسی خورد، بهتر بود کز شاعری

آن‌شنیدستی که‌نه‌صد کس‌بباید پیشه‌ور
تا تو نادانسته و بی‌آگهی نانی خوری

---

* . بخشی از قصیده ای که انوری در نکوهش شاعری و مداحی سروده است.
۱ . آدمی به حساب آوردن، در شمار مردم داشتن
۲ . کنّاس: آنکه چاه مستراح را خالی می کند.
۳ . حاش للّه: پناه برخدا
۴ . جولاهگی: بافندگی، نساجی
۵ . برزیگری: کشاورزی
۶ . معونت: یاری، کمک

در ازاءِ آن اگر از تو نباشد یاریی،
آن‌نه‌نان‌خوردن‌بود، دانی چه‌باشد؟ ـ مُدْبِری[۱]...

حسن‌تو گر بر همین قرار بماند...

حُسنِ تو گر برهمین‌قرار بماند
قاعدهٔ عشق، استوار بماند

از رُخِ تو ـ گر برین‌جمال‌بمانی‌ـ
بس غزلِ تر به‌یادگار بماند

هر نفس، از چرخ، ماه را به‌تعجب،
چشم، در آن‌رویِ چون‌نگار[۲] بماند

بی‌تو مرا ـ در کنارم ار بنمانی‌ـ
خونِ دل و دیده درکنار بماند

از غمِ تو در دلم‌قرار نمانده‌ست
با غمِ تو، در دلی، قرار بماند؟

۱. مُدبری: بدبختی
۲. نگار: نقش، تصویر. تعبیر چون نگار به معنی زیبا در زبان فارسی به صورت کلیشه به کار می رود.

آن روزگار کو؟ که مرا یار، یار بود ...

آن‌روزگار کو که مرا یار، یار بود
من بر کنار از غم و او در کنار بود

روزم به‌آخر آمد و روزی نزاد نیز
زان‌گونه‌روزگار که‌آن‌روزگار بود

امروز نیست‌هیچ‌امیدم، به‌کارِ خویش
بِدْرود[۱] دی![۲] که کارِ من امّیدوار بود

دایم‌شمارِ[۳] وصل همی برگرفت دل
این‌هجرِ بی‌شمار کجا در شمار بود[۴]؟

با رویِ چون‌نگارِ نگارم، هزار شب
کارم‌ز خرّمی‌و خوشی‌چون‌نگار بود

واکنون هزار بار شبی، با دریغ و درد،
گویم که«یارب آن‌چه‌نشاط‌و چه‌کار بود!»

---

۱. بدرود: خوشا، یاد بادا!
۲. دی : روز گذشته ؛ دیروز
۳. شمار: محاسبه کردن
۴. در شمار بودن: قابل پیش بینی بودن

ای دیر به دست‌آمده! بس زود برفتی...

ای‌دیر به‌دست‌آمده! بس زود برفتی
آتش‌زدی‌اندر من‌و چون دود برفتی

چون آرزوی تنگدلان دیر رسیدی
چون دوستیِ سنگدلان زود برفتی

زان‌پیش که‌در باغِ وصالِ تو دلِ من
از داغِ فراق تو برآسود ، برفتی

ناگشته من از بندِ تو آزاد، بجستی
ناکرده مرا وصلِ تو خشنود برفتی

آهنگ به جانِ من دلسوخته کردی[1]
چون در دلِ من عشق بیفزود برفتی

یاد می‌دار! کانچه بنمودی ...

یاد می‌دار! کانچه‌بنمودی
در وفا، برخلافِ آن‌بودی

حالِ من‌دیده‌در کشاکشِ هجر
وصل را [2] هیچ روی ننمودی

---

۱. آهنگ به جان کردن: قصد هلاک کردن
۲. را: برای: وصل را: از برای وصل

ناز تنهات بود عادت و بس
خوش‌خوش‌اکنون‌جفا درافزودی

بوسه‌ای‌خواستم، نبخشیدی
ناله‌ها کردم و نبخشودی

وعده‌هایی دهی بدان دیری!
پس‌پشیمان‌شوی‌بدین‌زودی! ...

بدخوی تری، مگر خبر داری

بدخوی‌تری، مگر خبرداری
کامروز طراوتی دگر داری

یا می‌دانی که‌با دل‌وچشمم
پیوند و جمالِ بیشتر داری

روزی که‌به‌دستِ[۱] ناز برخیزی
دانم ز نیازِ من خبر داری

درپردۀدل، چو هم‌تویی،آخر،
از رازِ دلم چه پرده برداری؟

گویی‌که «ازین پَسَت وفادارم.»
گویم: «به‌وفا و عهد اگر داری[۲]!»

۱. به دست ... برخاستن: کنایه از مصمم بودن به انجام دادن کاری است.
۲. به وفا و عهد...: سوگند به وفا و عهد

بر پایِ جهی که «قصه کوته کُن!
امشب سرِ ما و دردِ سر داری!»

ای آیتِ حُسن جمله در شانت[1]!
زین سورتِ[2] عشوه، صد، زبرداری!

دشنام دهی که «انوری! یارب
چون طبعِ لطیفِ و شعرِ تر داری!»

چِتْوان گفتن، نه اولین داغ است
کز طعنه مرا، تو، بر جگر داری[3].

ای خواجه! رسیده ست بلندیت به جایی ...

ای خواجه! رسیده ست بلندیت به جایی — کز اهل سماوات، به گوش تو رسد صوت
گر عمر تو چون قدّ تو باشد به درازی — تو زنده بمانی و بمیرد ملک‌الموت!

آن شنیدستی که روزی زیرکی با ابلهی ...

آن شنیدستی که روزی زیرکی با اَبلَهی
گفت کـ«ـاین والیِّ شهرِ ما گدایی بی‌حیاست!»

گفت: چون باشد گدا آن کز کلاهش تکمه‌ای،
صد چو ما را، روزها بل سال‌ها، برگ و نواست[4]؟»

---

۱. در شان: در حق، دربارهٔ
۲. سورت: سوره یکی از سوره های قرآن
۳. داشتن: قرار دادن، گذاشتن
۴. برگ و نوا: مال و مکنت، ثروت

گفتش: «ای مسکین! غلط اینک از اینجا کرده‌ای[۱]
آن همه برگ و نوا دانی که آنجا از کجاست؟

دُرّ و مُروارید طوقش اشکِ اطفال من است
لعل و یاقوتِ سِتامش[۲] خونِ ایتامِ[۳] شماست!

او که تا آب سبو پیوسته از ما خواسته‌ست
گر بجویی تا به مغز استخوانش زانِ ماست...

چون گدایی چیزِ دیگر نیست جز خواهندگی[۴]
هر که خواهد گر سلیمان[۵] است و گر قارون[۶] گداست.»

دوستی گفت: صبر کن ایراک ...

دوستی گفت: «صبر کن ایراک[۷] صبر کار تو خوب و زود کند
آب رفته به جوی باز آید کار بهتر از آنکه بود کند.»
گفتم: «آب اربه جوی باز آید ماهی مرده را چه سود کند؟»

گویند که در طوس، گه شدّت گرما...

گویند که در طوس، گه شدّت گرما
از خانه به بازار همی شد زَنَکی زال[۸]

---

۱. غلط کردن: اشتباه کردن
۲. ستام: افسار و یراق زین اسب
۳. ایتام: جمع یتیم
۴. خواهندگی: خواستن، تقاضا، سؤال، تکدّی
۵. سلیمان: پادشاه و پیغمبر بنی اسرائیل
۶. قارون: در روایات اسلامی پسرعموی موسی که به داشتن ثروت بسیار معروف است.
۷. ایراک: زیرا که
۸. زال: پیرزن سفیدموی

بگذشت به دکان یکی پیرِ حصیری
بر دل‌بگذشتش که«اگر نیستَ‌مرا مال،

تا چون دگران نَطْع[۱] خَرَم بهرِ تنعم[۲]
آخر نگزیرد[۳] زحصیری‌به‌همه‌حال.»

بنشست‌و یکی کاغَذَکی چَکسه[۴] برون‌کرد
ـ حاصل‌شده‌از کُدیَه، به‌جوجو[۵]، نه‌به‌مثقال‌ـ

گفتا: «دَ دَ دَ ه‌گز حَصصیری‌سَرَه[۶] را چند
نی‌از لُـ لُـ لُخ[۷] وَز کَکَنَب[۸] وز نَه نَه نَه نال؟[۹]»

شاگردِ حصیری چو ادای سخنش دید
گفتش: «برو، ای‌قحبهٔ‌چونین‌به‌سخن‌لال!

تدبیرِ نمد کُن، به‌نمدگر شو، ازیراک
تا نرخ بپرسی تو، به دیماه رسد سال!»

---

۱. نطع: فرش چرمی
۲. تنعم: زندگی مرفه
۳. گزیردن: چاره بودن
۴. کاغذ چَکسه: کاغذی است که چیزهایی از قبیل دارو را درآن می پیچند.
۵. جو: کوچک ترین واحد سنجش
۶. سره: خوب
۷. لُخ: لوخ: نوعی نی که در برکه ها و آب های راکد می روید.
۸. کَنَب: کنف: گیاه شاهدانه که از الیاف آن طناب درست می کنند.
۹. نال: نی

خاقانی‌شروانی، افضل‌الدین‌بدیل

۵۲۰ ـ ۵۹۱ ق

افضل‌الدین بدیل‌بن علی خاقانی در حدود سال ۵۲۰ هجری قمری در شروان به دنیا آمد. شروان‌که امروز بخشی از جمهوری مستقل آذربایجان است، سرزمینی‌است واقع در جنوب شرقی قفقاز که از دوران پیش از اسلام فرمانروایان نیمه مستقل و گاه مستقل داشته است که به شروانشاهان معروف بودند. حکومت سلسله‌ای از این شروانشاهان‌که به خاقان‌ها معروف بودند، از قرن ششم تا اواخر قرن هفتم ادامه یافت و خاقانی با دو تن از پادشاهان این سلسله هم‌دوره بود.

پدر خاقانی‌که علی نام داشت نجار بود و مادرش مسیحی‌تازه مسلمانی بود که تاثیر فرهنگ و دین‌خود را بر شعرخاقانی‌گذاشت. عموی او کافی‌الدین عمربن‌عثمان‌که فیلسوف و طبیب بود در تربیت فکری و شاعر همدوره‌اش، ابوالعلاء گنجوی، در تربیت ادبی خاقانی تاثیر بسیار داشتند. وقتی خاقانی به کمک ابوالعلاء گنجوی به دربار شروانشاه خاقانِ اکبر منوچهربن فریدون رسید، تخلص«حقایقی» را که پیش از آن برای خود به‌کار می‌برد رها کرد و «خاقانی» تخلص او شد.

بیشتر عمر خاقانی‌در شروان در خدمت منوچهربن فریدون و جانشین او اخسِتان‌بن منوچهر گذشت، اما چند سفر به شهرهای مرکزی ایران و دو سفر به مکه رفت. مثنوی«تحفهٔ‌العراقین» حاصل اولین‌سفر اوست و از این‌نظر آن‌را «تحفهٔ‌العراقین» نامیده‌است‌که سفرنامه او به دو عراق یعنی عراق عرب و عراق عجم‌است. توضیح ان‌که تا قبل از انقلاب مشروطیت، ناحیهٔ مرکزی ایران را که بین همدان و تهران واقع بود و شهرهای کرمانشاهان، همدان، ملایر، اراک، گلپایگان و اصفهان را شامل می‌شد، عراق عجم می‌نامیدند.

زندگی خاقانی پر از حوادث گوناگون است. خاقانی نزدیک به یک‌سال بر اثر خشم شروانشاه اخسِتان به زندان افتاد، پسر جوان، کودک نوزاد و بالاخره همسر خود را از دست داد و این همه در شعرهای او بازتاب یافته است. خاقانی در سال‌های آخر عمر به تبریز کوچ کرد و در همانجا در سال ۱۵۹۱قمری (اواخر قرن دوازدهم میلادی) درگذشت و در مقبرهٔ‌الشعرای تبریز دفن شد.

خاقانی در زمان حیات خود به شهرت فراوان رسید و با شاعران هم‌روزگارش مکاتبه و مشاعره و گاه معارضه‌هایی داشت. دیوان او که بخش عمدهٔ آن را قصیده تشکیل می‌دهد، شامل حدود ۱۷۰۰۰

بیت‌است. قصیده‌های خاقانی اغلب طولانی‌است و موضوع آن‌ها مدح یا مرثیه یا شکایت از روزگار و توصیف اوضاع و احوال شخصی اوست. خاقانی در مقدمهٔ قصیده‌های خود اغلب به توصیف طبیعت و بیش از همه به توصیف دمیدن صبح می‌پردازد و در سرتاسر قصیده‌ها با بهره‌گیری از گنجینهٔ عظیم معلومات و اطلاعات خود در زمینهٔ نجوم، پزشکی، فلسفه و علوم دینی و ادبی و اسطوره‌های ایرانی و مسیحی و اسلامی و دانستنی‌های مربوط به فرهنگ عوام مضمون‌هایی تازه و غریب می‌آفریند و این همه را با کمک تشبیه و استعاره و کنایه و اشاره به دانسته های خود بیان می‌کند .حاصل این کار شعری است بدیع و کم‌سابقه‌که در بسیاری از موارد پیچیده و دیریاب‌است و دریافت‌کامل معنای آن نیاز به آگاهی از معلوماتی دارد که شاعر در ذهن خود داشته‌است. از این جهت درک اغلب شعرهای او نیاز به توضیح و تشریح دارد. زبان خاقانی حاوی کلمات فاخر و ترکیب‌های تازه است و درعین‌حال با زبان و اصطلاحات و ضرب‌المثل‌های رایج در میان مردم آمیخته‌است.

خاقانی در قطعه‌ها و قصیده‌هایی‌که‌انگیزهٔ سرودن آن‌ها احساس و عاطفه شخصی‌است،از پیچیدگی‌های زبان‌خاص خود تا حد زیادی دور می‌شود. غزل های خاقانی نیز هم به لحاظ زبان ساده و نزدیک به زبان محاوره و هم به لحاظ شور و احساسات لطیفی که درآن موج می‌زند، قابل توجه‌اند. می‌توان گفت که خاقانی غزلسرا از خاقانی قصیده‌سرا فاصله زیادی دارد.

علاوه بر دیوان و مثنوی«تحفهٔ العراقین » مجموعه‌ای از نامه‌ها نیز از او باقیمانده. این مجموعه از نمونه‌های برجستهٔ نثر فنی فارسی به شمار می آید.

هان ای دل عبرت بین، از دیده عِبَر کن هان !... *

هان‌ای‌دل‌عبرت‌بین، از دیده[۱] عِبَر کن[۲] هان!
ایوان مدائن را آیینهٔ عبرت دان

یک‌ره ز لب دجله[۳] منزل‌به مدائن کن
وز دیده دوم دجله بر خاک‌مدائن‌ران

خود دجله‌چنان‌گرید صد دجلهٔ‌خون‌گویی
کز گرمی خونابش آتش چکد از مژگان

بینی که لب دجله چون‌کف به دهان‌آرد؟
گویی ز تَف[۴] آهش لب‌آبله[۵] زد چندان

از آتش حسرت بین بریان جگر دجله
خود آب‌شنیدستی کاتش کندش‌بریان؟

گر دجله‌در آموزد[۶] باد لب و سوز دل
نیمی شود افسرده، نیمی شود آتشدان

---

* بخشی از قصیده ای که خاقانی هنگام باز گشت از سفر حج تحت تأثیر دیدار از ایوان مداین یا طاق کسری سروده است. ایوان مداین تنها بخش باقیمانده از کاخ عظیم پادشاهان ساسانی در شهر تیسفون است . تیسفون یکی از هفت شهری بود که در دورهٔ ساسانیان در دو سوی رودخانهٔ دجله در نزدیکی هم ساخته شده بود و مجموع آن ها را اعراب مداین (جمع مدینه = شهر ها) می نامیدند .این ناحیه امروز در کشور عراق قرار دارد .

۱ . دیده: آنچه می بینی

۲ . عبر کردن: عبرت گرفتن، پند گرفتن

۳ . دجله: رودخانه ای در عراق فعلی که از بغداد می گذرد و با رودخانه فرات یکی می شود و شط العرب را می سازد.

۴ . تَف: گرمی، حرارت

۵ . آبله زدن: تاول زدن

۶ . درآموختن: آموختن، یاد دادن

تا سلسلهٔ[۱] ایوان بگسست مدائن را
درسلسله‌شددجله، چون‌سلسله‌شدپیچان

گه‌گه به زبان اشک آواز ده ایوان را
تا بو که[۲] به‌گوش‌دل‌پاسخ‌شنوی‌ز ایوان

دندانهٔ[۳] هر قصری‌پندی‌دهدت‌نونو
پندِ سر دندانه بشنو ز بُن دندان[۴]

گویدکه‌تو از خاکی، ما خاک‌توایم اکنون
گامی‌دو سه‌بر ما نه و اشکی‌دو سه‌هم‌بفشان

از نوحهٔ جغدالحق ماییم به دردِ سر
از دیده گُلابی کن، دردِ سرِ ما بنشان

آری‌چه عجب داری‌کاندر چمن گیتی
جغد است‌پی‌بلبل، نوحه‌است‌پی‌اَلحان[۵]

ما بارگه دادیم، این رفت ستم بر ما
بر قصرستمکاران گویی‌چه‌رسد خِذلان[۶]؟

بر دیدهٔ‌من‌خندی‌کاینجا ز چه‌می‌گرید
گریند بر آن دیده‌کاینجا نشود گریان...

۱. سلسله: زنجیر: در اینجا اشاره شده است به زنجیری که گفته اند در مدخل کاخ انوشیروان آویخته بود تا دادخواهان با تکان دادن آن شاه را از ظلمی که بر آن‌ها رفته بود باخبر کنند.
۲. تا بو که: باشد که
۳. دندانه: کنگره
۴. ز بن دندان: از بُنِ دندان: از ته دل
۵. الحان: جمع لحن: صدای موزون و خوشایندی که انسان یا پرندگان یا آلات موسیقی تولید می کنند.
۶. خذلان: مذلت، خواری

دلنواز من بیمار شمایید همه... *

دلنواز من بیمار شمایید همه
بهر بیمار نوازی‌به‌من آیید همه

من‌چو موییِ‌وز من تا به‌اجل یک‌سرِ‌موی
به سرِ موی ز من دور چرایید همه؟

من کجایم؟ خبرم‌نیست که‌مست‌خطرم
گر شما نیز نه مستید، کجایید همه؟

دور ماندید ز من‌همچو خزان‌از نوروز
که خزانْ رنگم و نوروزْ لقایید همه

من مه چارده بودم مه سی‌روزه‌شدم
نه شما شمع من‌و مهرِ سمایید [1] همه؟...

من‌چو گل‌خون‌به‌دهان‌آمده‌و تشنه‌لبم
بر گل تشنه‌گه ژاله هوایید همه

همه بیمارپرستان ز غمم سیر شدند
آن‌که‌این‌غم‌خورد امروز شمایید همه

پدر و مادرم از پای فتادند ز غم
به‌شما دست‌زدم کاهل‌وفایید همه

---

* بخشی از قصیده ای که خاقانی در مرثیهٔ پسر خود سروده و در آن از زبان پسر ، بیماری او را توصیف کرده است. این شعر به آنچه در ادبیات غربی تک گویی نمایشی می نامند بسیار نزدیک است و در شعر فارسی کمتر به نظیر آن بر می خوریم .

۱ . سما: آسمان

بس‌جوانم، به‌دعا جان مرا دریابید!
که‌چو عیسی ز برِ بامِ دعایید همه

آه‌کامروز تبم‌تیز و زبان‌کُند شده‌است
تب ببندید و زبانم بگشایید همه

بوی دارو شنوم روی بگردانم از او
هر زمان‌شربت نو در نفزایید همه...

خاقانیا، خسان که طریق تو می روند...

خاقانیاخسان[۱] که‌طریق‌تو‌می‌روند
زاغند و زاغ‌را روش‌کبک‌آرزوست

بس طفل کارزوی ترازوی زر کُند
نارنج از آن کَنَد که ترازو کُندزپوست

گیرم که مارچوبه کند تن به‌شبه‌مار
کو زهر بهردشمن‌و کومُهره بهردوست

ای‌صبحدم ببین که کجا می فرستمت...

ای صبحدم ببین که کجا می‌فرستمت
نزدیک آفتاب وفا می‌فرستمت

این سر به مُهرنامه بدان مهربان رسان
کس را خبر مکن که کجامی‌فرستمت

تو پرتو صفایی از آن بارگاه اُنس
هم سوی بارگاه صفا می‌فرستمت

۱. خسان: آدم های حقیر و فرومایه

باد صبا دروغزن است و تو راست‌گوی

آنجا به رغم باد صبا می‌فرستمت

جان یک نفس درنگ ندارد گذشتنی است

ورنه بدین شتاب چرا می‌فرستمت

این دردها که بر دل «خاقانی» آمده‌است

یک یک نگر که بهر دوا می‌فرستمت

کاشکی جز تو کسی داشتمی

کاشکی جز تو کسی داشتمی
یا به تو دسترسی داشتمی

یا در این غم که مرا هر دم هست
همدم خویش کسی داشتمی

کی غمم بود اگر در غم تو
نفسی همنفسی داشتمی

گر لبت آن منستی، ز جهان
کافرم گر هوسی داشتمی

سر و زر ریختمی در پایت
گر از این دست بسی داشتمی

آمد نفس صبح و سلامت نرسانید...

آمد نفس صبح و سلامت نرسانید

بوی تو نیاورد و پیامت نرسانید

یا تو به دم صبح سلامی نسپردی

یا صبحدم از رشک سلامت نرسانید

من نامه نوشتم، به کبوتر بسپردم
چه‌سود که‌بختم‌سوی‌بامت‌نرسانید

بر باد سپردم‌دل‌و جان‌تا به‌تو آرد
زین‌هردو ندانم که کدامت‌نرسانید

عمریست که‌چون‌خاک‌جگر تشنهٔ‌عشقم
و ایام به من جُرعه جامت نرسانید

«خاقانی»از این‌طالع‌خود کام‌چه‌جویی
کو چاشنی کام به کامت نرسانید

ای گوهر گم بوده کجا جوییمت ...

ای گوهر گم‌بوده کجا جوییمت — پای‌آبله در کوی وفا جوییمت
از هر دهنی‌یکان‌یکان پرسیمت — وزهر وطنی‌جدا جداجوییمت

مرغی که نوای درد رانَد، عشق است ...

مرغی که نوای درد راند، عشق‌است — پیکی که زبان‌غیب داند، عشق‌است
هستی که به‌نیستیت‌خواند، عشق‌است — وآنچ از تو ترا باز رهاند، عشق‌است

خورشید تو، نیلوفرِ نازنده منم ...

خورشید تو، نیلوفر نازنده منم — تن‌غرقه‌به‌اشک در شکر خنده‌منم
رخ‌زرد وکبود دل، سرافکنده، منم — شب‌مرده‌زغم، روز به تو زنده‌منم

نظامی گنجوی، جمال الدین الیاس

۵۳۰ ؟ ـ ۶۱۴ ق ؟

جمال الدین ابومحمد الیاس بن یوسف نظامی گنجوی از شاعران بزرگ قرن ششم، در حدود سال ۵۳۰ هجری قمری در گنجه به دنیا آمد. از زندگی او اطلاع زیادی در دست نیست. به نظر می رسد که نظامی برخلاف بسیاری از شاعران، بیشتر عمر خود را در زادگاهش گذرانده است. نظامی در حدود سال ۶۱۴ هجری قمری(اوایل قرن سیزدهم میلادی) در گنجه درگذشت. آرامگاه او هنوز در شهر گنجه(واقع در جمهوری آذربایجان) باقیست.

نظامی با چند تن از امیران و پادشاهان سلسلهٔ اتابکان آذربایجان و اتابکان موصل و نیز شروانشاهان معاصر بود و با آنکه بعضی از آثار خود را به آن ها اهدا کرده است، اما به دربار هیچ یک از آن ها وابسته نبود و از زمرهٔ شاعران درباری به حساب نمی آمد.

اهمیت و ارزش نظامی در تاریخ شعر فارسی، از جهت استادی او در منظومه سرایی به خصوص منظومه های غنایی است که اگر چه پیش از او سابقه داشته و بعد از او مورد تقلید فراوان قرار گرفته، اما هیچ یک از شاعران قبل و بعد از او نتوانسته اند در این زمینه به پای او برسند. منظومه های او که به«خمسه» یا «پنج گنج» معروف شده اند عبارتند از:

«خسرو و شیرین» که حدود ۶۵۰۰ بیت دارد. اصل داستان خسرو و شیرین از داستان های معروف پیش از اسلام و موضوع آن عشق خسرو پرویز پادشاه ساسانی نسبت به دختری ارمنی(در روایت نظامی و یکی دو منبع دیگر، شاهزاده خانمی ارمنی) است. وقایع مربوط به فرهاد، سنگتراشی که او نیز عاشق شیرین است، تنها در روایت نظامی و یک روایت دیگر آمده است. نظامی اولین کسی است که این داستان را به شعر درآورده است.

«اسکندرنامه» در بیش از ۱۰۰۰۰ بیت که شامل دو قسمت است در شرح حال اسکندر مقدونی. در بخش اول که نظامی آن را «شرفنامه» نامیده است ، وقایع تاریخی زندگی اسکندر شرح داده می شود اما بخش دوم آن به نام «اقبالنامه» بیشتر جنبهٔ اخلاقی و عرفانی دارد و در آن اسکندر فاتح، پیغمبر معرفی می شود و نظامی افکار فلسفی و پندهای حکیمانه خود را از زبان او بیان می کند.

لیلی و مجنون حدود ۴۷۰۰ بیت و موضوع آن عشق مجنون(قیس بنی عامر) است به لیلی دختر سعد. نظامی این داستان را به پیشنهاد یکی از شروانشاهان از منابع عربی به نظم در آورده است.

«هفت‌پیکر» یا بهرامنامه یا «هفت‌گنبد» سرگذشت بهرام‌گور پادشاه ساسانی است و ازدواج او با هفت دختر از پادشاهان هفت‌اقلیم و هفت‌افسانه‌ای‌که‌هر یک‌از آن‌ها برای او بازگو می‌کنند.

«مخزن‌الاسرار» منظومه‌ای‌است اخلاقی در بیست مبحث‌که در تأیید هر یک‌از مباحث‌آن، حکایتی آمده است.

علاوه بر این پنج منظومه، نظامی دیوان مفصلی نیز داشته‌که به طور پراکنده بخش‌هایی از آن باقی مانده است.

نظامی همانند بیشتر شاعران هم‌عصرش، از علوم ادبی، اسلامی، نجوم، فلسفه و زبان‌عربی‌اطلاعات کافی داشت و مانند بیشتر شاعران‌آن زمان دانسته های خود را در شعر به‌کار می‌بُرد. در شعر او این معلومات بیشتر از طریق استعاره ها و کنایه های دور از ذهن و تعبیرهای تازه ای که از دانسته های علمی و فلسفی او مایه می گیرد، خود را نشان می دهد. علاوه بر این ها زبان شعر نظامی با ترکیب های تازه و ابداعی او تشخص می یابد. در ساختن این ترکیب ها نظامی گاه از طبیعت قواعد زبان دور می شود و همهٔ آنچه گفتیم بر غرابت شعر او می افزاید و درک آن را دشوار می کند. با اینهمه در سراسر منظومه ها زبان او پر است از اصطلاحات و ضرب‌المثل‌های متداول در زبان‌گفتاری‌که خیلی‌ساده بیان‌شده‌اند و از امتیازهای شعر او به شمارمی آیند.

اگرچه شعر و شاعری و ستایش و نکوهش آن از مضمون های مورد توجه بیشتر شاعران فارسی زبان است، اما شاید بتوان گفت که نظامی بیش از هر شاعری در آثار خود از شعر و شاعری و از ارزش و اهمیت آن سخن گفته است. تقریبا در مقدمهٔ همهٔ منظومه‌های او، به توصیف‌هایی تازه از شعر و شاعری برمی خوریم.

آنچه او هم نُوست و هم کهن است ...*

آنچه او هم نُوست و هم کهن‌است
سخن‌است‌و در‌این‌سخن،سخن‌است

تا نگویی سخنوران مُردند
سر به آب سخن فرو بردند

چون‌بَری‌نام‌هر که‌را خواهی
سر برآرد ز آب چون ماهی...

بنگر از هر چه آفرید خدای
تا از او جز سخن‌چه‌ماند به‌جای

یادگاری کز آدمیزاد است
سخن‌است‌آن‌دگر همه‌باد است...

چون فلک از پای نباید نشست ...**

چون فلک از پای‌نباید نشست
تا سخنی‌بر فلک‌آری به دست

* از منظومهٔ هفت پیکر
** از منظومهٔ مخزن الاسرار.

بر صفت شمع سرافکنده‌باش
روز فرو مرده‌و شب‌زنده‌باش

چون‌تک[۱] اندیشه‌به‌گرمی[۲] رسد
تندرو چرخ به نرمی[۳] رسد

هرچه‌در این‌پرده نشانت‌دهند
گر نپسندی به از آنت‌دهند

سینه مکن[۴] گر گهر آری به‌دست
بهتر ازآن‌جوی، که درسینه‌هست

به‌که سخن‌دیر پسند آوری
تا سخن‌از دستِ بلند آوری

هر که عَلَم بر سر این راه بُرد
گوی[۵] زخورشید و تک‌از ماه بُرد...

---

۱. تک: تاختن
۲. گرمی: سرعت، شتاب
۳. نرمی: آرامی، آهستگی
۴. سینه کردن: تفاخر کردن، فخر فروختن
۵. گوی بردن: پیشی گرفتن، سبقت گرفتن

چو شیرین کیمیای صبح دریافت ...

(مناجات شیرین)*

چو شیرین کیمیای صبح دریافت
از آن سیماب کاری[1] روی برتافت

شکیباییش مرغان را پر افشاند
خروس الصبرُ مِفتاحُ الفَرَج[2] خواند

شبستان را به روی خویشتن رُفت
به زاری با خدای خویشتن گفت:

خداوندا شبم را روز گردان
چو روزم بر جهان پیروز گردان

شبی دارم سیاه، از صبح نومید
در این شب رو سپیدم کن چو خورشید

غمی دارم هلاکِ شیر مردان
بر این غم چون نشاطم چیر[3] گردان

---

* . از منظومهٔ خسرو وشیرین.
۱ . سیماب: جیوه، سیماب کاری: اضطراب و لرزش
۲ . الصبر مفتاح الفرج: صبر کلید گشایش است.
۳ . چیر: چیره، غالب، مسلط

ندارم طاقت این کورهٔ تنگ
خلاصی ده‌مرا چون‌لعل‌از این‌سنگ

تویی یاری‌رس‌فریاد هر کس
به فریاد من فریاد خوان[۱] رس

به آب دیدهٔ طفلان محروم
به سوز سینهٔ پیران مظلوم

به بالین غریبان بر سر راه
به تسلیم اسیران در بن‌چاه

به داور داورِ فریادخواهان
به‌یارب‌یاربِ صاحب‌گناهان...

به‌پاک‌آیینیِ دین‌پرورانت
به صاحب سرّی پیغمبرانت

به‌محتاجانِ در بر خلق‌بسته
به‌مجروحان‌خون‌بر‌خون‌نشسته

به دورافتادگان از خان‌و مان‌ها
به واپس‌ماندگان از کاروان‌ها...

۱. فریادخوان: آن که از چیزی یا کسی شکایت دارد و دادخواهی می کند، دادخواه

به‌مقبولان خلوت برگزیده

به معصومان آلایش ندیده

به‌هر طاعت که‌نزدیکت صواب است

به‌هر دعوت[۱] که‌پیشت مستجاب است

که رحمی بر دل پر خونم آور

وز این غرقاب غم بیرونم آور...

چو روز آیینهٔ خورشید بربست ...

(دیدار فرهاد و شیرین)[*]

چو روز آیینهٔ خورشید بر بست
شبِ صد چشم هر صد چشم بر بست

تجسس کرد شاپور آن زمین را
به دست آورد فرهادِ گُزین را

به شادُروان[۲] شیرین برد شادش
به‌رسم خواجگان کرسی نهادش

درآمد کوهکن مانند کوهی
کز او آمد خلایق را شکوهی

---

۱. دعوت: دعا

* از منظومهٔ خسرو و شیرین.

۲. شادروان: خیمه، چادر، سراپرده

چو یک‌پیل‌از ستبری[۱] و بلندی
به مقدار دو پیلش زورمندی

رقیبان[۲] حرم بنواختندش
به‌واجب‌جایگاهی‌ساختندش

برون پرده فرهاد ایستاده
میانْ دربسته‌و بازو گشاده

در اندیشه که‌لعبت‌بازِ[۳] گردون
چه بازی آوَرَد از پرده بیرون

جهان‌ناگه‌شبیخون[۴] سازی‌ای کرد
پس آن پرده لعبت‌بازی‌ای کرد

به‌شکر خنده‌های‌شکرین[۵] ساز
در آمد شکر شیرین به آواز

ز بس کز دامن لب‌شکر افشاند
شکر دامن‌به‌خوزستان‌برافشاند[۶]...

چو شد فرهاد را آن بانگ در گوش
ز گرمی‌خون گرفتش‌در جگر جوش

---

۱. ستبری: درشتی اندام
۲. رقیب: نگهبان، محافظ
۳. لعبت باز: آن که عروسک های خیمه شب بازی را می گرداند.
۴. شبیخون: حمله ناگهانی به دشمن در شب
۵. شکرین: نوعی حلوا
۶. دامن افشاندن: دوری و کناره گیری کردن

برآورد از جگر آهی شَغَب ناک[۱]
چو مصروعی[۲] ز پای‌افتاد برخاک

به روی خاک می‌غلتید بسیار
وز آن‌سر کوفتن پیچید چون‌مار

چو شیرین دید کآن آرامْ رفته
دلی دارد چو مرغ از دامْ رفته

هم‌از راه‌سخن‌شد چاره‌سازش
بدان دانه به دام آورد بازش

پس آن گه گفت کای داننده‌استاد
چنان خواهم که گَردانی مرا شاد

مراد من چنان‌است‌ای‌هنرمند
که بگشایی‌دل‌غمگینم‌از بند

به‌چابک‌دستی و استاد کاری
کنی‌در کار این‌قصر استواری

گله‌دور است‌و ما محتاج شیریم
طلسمی[۳] کن که‌شیر آسان‌بگیریم

ز ما تاگوسفندان یک‌دو فرسنگ
بباید کَند جویی محکم از سنگ

---

۱. شَغَب ناک: خروشان
۲. مصروع: مبتلا به بیماری صرع
۳. طلسم: سحر، جادو

که چوپانانم آنجا شیر دوشند
پرستارانم[۱] این‌جا شیر نوشند

ز شیرین گفتن و گفتار شیرین
شده‌هوش از سر فرهاد مسکین

سخن‌ها را شنیدن‌می‌توانست
ولیکن فهم کردن‌می‌ندانست

زبانش کرد پاسخ را فرامُشت
نهاد از عاجزی بر دیده‌انگشت

وز آنجا رفت‌بیرون تیشه‌در دست
گرفت از مهربانی پیشه‌بر دست

حکایت‌باز جُست‌از زیردستان
که‌مستم، کور دل باشند مستان

ندانم کاو چه می گوید بگویید
ز من کامی که‌می‌جوید بجویید

رقیبان آن حکایت برگرفتند
سخن‌هایی که‌رفت‌از سر گرفتند

چو آگه گشت‌از آن‌اندیشه‌فرهاد
فکند آن حکم را بر دیده‌بنیاد

۱. پرستار : خدمتکار

در آن خدمت به غایت چابکی داشت
که کار نازنینان نازکی[۱] داشت

چنان از هم درید اندام آن بوم
که می‌شد زیر زخمش سنگ چون موم

به تیشه روی خارا می‌خراشید
چو بید از سنگ، مجرا می‌تراشید

ز جای گوسفندان تا در کاخ
دو رویه سنگ‌ها زد شاخ در شاخ

به یک ماه از میان سنگ خارا
چو دریا کرد جویی آشکارا ...

آیا تو کجا و ما کجاییم ...

(غزل‌خواندن مجنون در حضور لیلی)*

آیا تو کجا و ما کجاییم
تو زآنِ که‌ای که ما توراییم[۲]

ماییم و نوای بی‌نوایی
بسم‌الله اگر حریف مایی

دِه رانده و دِه خدای[۳] نامیم
چون ماه به نیمه‌ای تمامیم...

---

۱. نازکی: اهمیت

* از منظومهٔ لیلی و مجنون.

۲. ما توراییم: ما برای تو هستیم، مال تو هستیم

۳. ده خدا: مالک ده

از بندگیِ زمانه آزاد
غم شاد به ما و مابه‌غم شاد

تشنه جگر و غریق آبیم
شب کور و ندیم آفتابیم

گمراه و سخن ز رهنمایی
در ده نَه و لافِ ده خدایی

جز در غم تو قدم نداریم
غمدار توییم و غم نداریم...

ناآمده رفتن این چه ساز است
ناکِشته درودن این چه راز است

شب‌خوش مَکُنم[۱] که نیست دلکش
بی‌تو شب‌ما و آن گهی خوش

با جان مَنَت قدم نسازد
یعنی که دوجان به هم نسازد

تا جان نرود ز خانه بیرون
نآیی تو از این بهانه بیرون

جانی به از این به یار در دِه
پایی به از این به کار در نِه

۱ . شب خوش کردن : شب به خیر گفتن : شب خوش مَکنَم : به من شب به خیر مگو ؛ از من خداحافظی مکن

هر جان‌که نه از لب تو آید
آید به لب و مرا نشاید

وآن جان‌که لب‌تواَش‌خزانه[۱] ست
گنجینهٔ عمر جاودانه ست

بسیار کسان تو را غلامند
اما نه چو من مطیع و رامند

تا هست ز هستی تو یادم
آسوده و تندرست و شادم

و آن‌گاه شبی‌که نآرمت‌یاد
باشم به دلی‌که دشمنت باد

زین‌پس‌تو و من، من و تو زین‌پس
یک‌دل‌به‌میانِ ما دو کس، بس

وآن‌دل‌دلِ توچنین‌صواب‌است
یعنی‌دل من‌دلی‌خراب‌است...

یارب چه خوش اتفاق باشد
گر با منت اشتیاق باشد

مهتاب شبی چو روز روشن
تنها من و تو میان گلشن

۱. خزانه: مال و نقدینه فراوان، گنج

من با تو نشسته گوش در گوش
با من تو نشسته نوش در نوش

در بر کشمت چو رود در چنگ
پنهان کنمت چو لعل در سنگ...

کس از خاصگان پیش دارا نبود...

(کشته شدن دارا)*

کس از خاصگان پیش دارا نبود
کز او در دل کس مدارا نبود

دو سرهنگ غدّار[1] چون پیل مست
بر آن پیلتن برگشادند دست

زدندش یکی زخم[2] پهلو گذار[3]
که از خون زمین گشت چون لاله زار

در افتاد دارا بدان زخم تیز
ز گیتی برآمد یکی رستخیز

* از منظومهٔ اسکندر نامه. درروایت نظامی دارا (داریوش سوم) در هنگام جنگ با اسکندر مقدونی به دست دو تن از سرهنگان کشته می شود.

۱. غدار: مکار، حیله گر

۲. زخم: ضربه

۳. پهلوگذار: شکافنده و عبورکننده از پهلو

درخت کیانی درآمد به‌خاک
بغلتید در خون تن زخمناک

برنجد تن نازک از درد و داغ
چه خویشی بوَد باد را با چراغ

کُشنده‌دو سرهنگ‌شوریده‌رای[۱]
به نزد سکندر گرفتند جای

که‌آتش‌ز دشمن‌برانگیختیم
به اقبال شه خون او ریختیم

به یک‌زخم کردیم کارش تباه
سپردیم جانش به‌فِتراک[۲] شاه

بیا تا ببینی و باور کنی
به‌خونش‌سُم‌بارگی[۳] ترکنی

چو آمد ز ما آنچه کردیم‌رای
تو نیز آنچه گفتی بیاور به‌جای

به ما بخش گنجی که پذرفته‌ای[۴]
وفا کن‌به‌چیزی که‌خود گفته‌ای

سکندرچودانست کآن‌ابلهان
دلیرند بر خون شاهنشهان

۱. شوریده رای: دارای اندیشه نادرست
۲. فِتراک: تسمه ای که با آن چیزی را به زین اسب می بندند.
۳. بارگی: اسب
۴. پذرفتن: پذیرفتن، تعهد کردن

پشیمان شد از کرده پیمان‌خویش
که‌برخاستش‌عصمت[۱] از جان‌خویش

فرو میرد امیدواری ز مَرد
که‌همسال‌را سردرآید به‌گرد[۲]

نشان جست‌کآن‌کشور آرای کی[۳]
کجا خوابگه‌دارد از خون‌و خِوی[۴]

دو بیداد پیشه به پیش اندرون
به بیداد خود شاه را رهنمون

چو در موکب[۵] قلبِ[۶] دارا رسید
ز موکبْ روان هیچ‌کس را ندید

تن‌مرزبان[۷] دید درخاک‌و خون
کلاه کیانی[۸] شده سرنگون ...

سکندر فرودآمد از پشت‌بور[۹]
در آمد به بالین آن پیلْ زور

۱. عصمت: نگهداری، محافظت
۲. گرد: زمین
۳. کی: پادشاه
۴. خوی یا خوی: عرق
۵. موکب: گروه پیاده و سواری که پادشاه را همراهی می کردند.
۶. قلب: لشکریانی که هنگام جنگ در مرکز لشگر قرار می گیرند.
۷. مرزبان: جنگجو، قهرمان
۸. کیانی: پادشاهی
۹. بور: اسب سرخ رنگ

بفرمود تا آن دو سرهنگ‌را
دو کژ زخمهٔ خارج آهنگ‌را

بدارند بر جای خویش استوار
خود از جای جنبید شوریده‌وار

به بالینگه خسته آمد فراز
ز درعِ [1] کیانی گره کرد باز

سر خسته را بر سر ران نهاد
شب تیره بر روز رخشان نهاد

فرو بسته چشم آن تن خوابناک
بدو گفت برخیز از این خون و خاک

رها کن که در من رهایی نماند
چراغ مرا روشنایی نماند

سپهرم بدان گونه پهلو درید
که شد در جگر پهلویم ناپدید

تو ای پهلوان کآمدی سوی من
نگه دار پهلو ز پهلوی من

که‌با آنکه‌پهلو دریدم[۲] چو میغ[۳]

همی آید از پهلویم بوی تیغ

سرِ سروران را رها کن ز دست

تو مشکن که‌مارا جهان‌خود شکست

چه‌دستی که‌بر ما درازی کنی؟

به‌تاج کیان دست‌یازی[۴] کنی؟

نگه‌دار دستت که داراست‌این

نه‌پنهان‌چو روز آشکاراست‌این...

شنیدم که بالای این سبز فرش...*

شنیدم که بالای این سبزفرش[۵]

خروسی‌سفیدست‌در زیرعرش[۶]

---

۱. دِرع: جوشن، زره، پوششی از حلقه های نازک فولادی که برای جلوگیری از آسیب دیدن هنگام جنگ می پوشیده اند.

۲. پهلو دریدم: پهلوی من دریده شد.

۳. میغ: ابر

۴. دست یازی کردن: دست را پیش بردن، مجازاً تجاوز کردن

* از منظومهٔ اسکندر نامه.

۵. سبز فرش: کنایه از آسمان است.

۶. عرش: تخت. در روایات دینی عرش، تختی است که خداوند بر آن نشسته است و منظور از آن را فلک الافلاک یا آسمانی بالاتر از همه آسمان ها دانسته اند و آن را به قدرت و تسلط خداوند بر عالم تعبیر کرده اند.

چو او بر زند طبل خود را دَوال[۱]
خروسان دیگر بکوبند بال

همانا که آن مرغ عرشی منم
که هر بامدادی نوایی زنم

بر آواز من جمله مرغان شهر
بر آرند بانگ، اینْت گویای دهر[۲]...

مرا پرسی که چونی؟ چونم ای دوست ...

مرا پرسی که چونی؟ چونم ای دوست
جگر پر درد و دل پر خونم ای دوست

حدیث عاشقی بر من رها کن
تو لیلی شو که من مجنونم ای دوست

به فریادم ز تو هر روز، فریاد
از این فریادِ روز افزونم ای دوست

شنیدم عاشقان را می‌نوازی
مگر من زآن میان بیرونم ای دوست

۱. دوال: چرم، کوبه دهل و طبل را که از جنس چرم سخت ساخته می شود نیز دوال گویند.
۲. دهر: جهان

نگفتی گر بیفتی گیرمت دست؟
از این افتاده‌تر؟ کاکنونم ای‌دوست

غزل‌های «نظامی» بر تو خوانم
نگیرد در تو هیچ افسونم ای‌دوست

عطار نیشابوری، فریدالدین‌محمد

؟ ـ ٦١٨ ق ؟

فریدالدین‌محمدبن‌ابراهیم‌عطارکدکنی (نیشابوری) دراواسط قرن ششم هجری در کدکن‌ـ که در تقسیم‌بندی‌های امروزی از بخش‌های تربت‌حیدریه به شمار می‌آید ـ به دنیا آمد. تخلّص او در اشعارش گاه«فرید» و بیشتر «عطار» است و این تخلص دلالت بر شغل داروفروشی او یا پدرش دارد. عطار یکی از سه شاعر برجسته در شعر عرفانی فارسی‌است. سنایی و مولوی‌که پیش و بعد از او می‌زیستند، همتایان او در این زمینه هستند. شیوه‌ای‌که سنایی در شعر عرفانی‌آغاز کرده بود، در شعر عطار رشد کرد و با مولوی به‌حد کمال رسید.

از زندگی عطار اطلاع چندانی در دست نیست، اما آنچه مسلم‌است این است‌که شعر او در زمان حیاتش به‌خصوص در میان اهل‌تصوف، شهرت و محبوبیت یافته‌است و مجالس درس‌های عرفانی او در نیشابور مورد توجه و اقبال بوده‌است.

اگرچه حجم عظیم شعرهایی‌که از عطار به‌جا مانده، از لحاظ زبان و فکر یکدست نیست، اما رویهم‌رفته شعر او زبانی ساده و نزدیک به زبان‌گفتار دارد. زبان او در مجموع تحت‌تاثیر لهجه‌های متداول در خراسان در دورهٔ حیات او بوده و طرز ادای‌کلمات در این لهجه‌ها، بر عروض شعر او نیز تاثیر گذاشته است و همین دو نکته، شعر او را از شعر شاعران همروزگارش متمایز کرده‌است.

همانند دیگر شاعران عرفانی، بخش اعظم دیوان عطار به قالب غزل و به بیان مضمون های عرفانی اختصاص دارد و سهم قصیده در آن بسیار کم است. در این دیوان برخلاف دیوان‌سنایی، غزل‌ها یا شعرهایی خاص تحت‌عنوان «قلندریات» مشخص و نامگذاری نشده‌اند، اما در میان غزلیات او، به غزل‌هایی از نوع قلندریات سنایی برمی‌خوریم‌که در آن‌ها به رفتارها و آیین‌های قلندری اشاره شده‌است. رباعیات عطارکه حجم قابل توجهی دارد، در کتابی به نام « مختار نامه » گرد آوری شده است. علاوه بر این ها از او چهار منظومه به شرح زیر باقی مانده‌است:

۱. «اسرارنامه»: حاوی حکایت‌های‌کوتاه عرفانی در چندین باب

۲. «خسرونامه»: که به اشتباه به«الهی‌نامه» مشهور شده‌است، حاوی ۲۱ بخش‌که در آن‌ها از طریق داستان و حکایت مطالب عرفانی شرح داده شده‌است.

۳. «مقامات طیور» یا «طیورنامه»: که بعدها «منطق‌الطیر» نام‌گرفته‌است. این‌منظومه مهم‌ترین

منظومه عطار است و مضمون آن سفر مرغان‌است برای یافتن پادشاه خود، سیمرغ. عطار در این منظومه، مرغان را رمزسالکان راه‌حقیقت گرفته‌است و با توصیف صفات آن‌ها و نیز شرح دشواری‌هایی‌که در این‌سفر بر آن‌ها می‌گذرد، بسیاری از خصوصیات سرشت بشری و همچنین مراحل دشوار سیر و سلوک عارفان را تا رسیدن به حقیقت بازگو می‌کند. عطار درضمن این منظومه، حکایت‌هایی نقل می‌کند و از آن‌ها نتیجه‌های عرفانی می‌گیرد. یکی از حکایت‌هایی‌که در این منظومه نقل می‌شود، داستان «شیخ‌صنعان» است.

۴. «مصیبت‌نامه» که ظاهراً آخرین منظومه‌ای است‌که عطار سروده‌است و ازنظر اهمیت بعد از «منطق‌الطیر» قرار می‌گیرد.

۵. «تذکرهٔ‌الاولیاء»: کتابی به نثر در شرح احوال بزرگان صوفیه.

عطار در حدود سال ۶۱۸هجری قمری(اوایل قرن سیزدهم میلادی) آن‌گونه که معروف است هنگام حمله مغول به شهر نیشابور کشته شد و مزار او تا امروز در این شهر باقیست.

هست قُقنس طُرفه مرغی دلستان...*

هست قُقنُس^۱ طُرفه^۲ مُرغی‌دلستان

موضعِ این مرغ در هندوستان

سخت‌منقاری عجب‌دارد دراز

همچو نی‌در وی‌بسی‌سوراخ‌باز

قُرب^۳ صد سوراخ در منقارِ اوست

نیست‌جفتش، طاق‌بودن‌کارِ اوست

هست‌در هر ثُقبه^۴ آوازی‌دگر

زیرِ هر آوازِ او رازی‌دگر

چون به هر ثقبه بنالد زارزار

مرغ و ماهی گردد از وی‌بی‌قرار

جملهٔ پرّندگان خامش شوند

درخوشیِّ بانگِ او بی‌هُش‌شوند

سال عمرِ او بوَد قربِ هزار

وقتِ مرگِ خود بداند آشکار

---

* از منطق الطیر.

۱. قُقنُس: ققنوس، مرغی افسانه ای

۲. طرفه: شگفت انگیز، عجیب

۳. قُرب: نزدیک به، در حدودِ

۴. ثُقبه: سوراخ

چون‌ببرّد وقتِ مردن دل ز خویش
هیزم‌آرد گردِ خود، دَه‌حُزمه[۱] بیش

در میانِ هیزم آید بی‌قرار
در دهد صد نوحه[۲] خود را زارزار

پس‌بدان‌هر ثقبه‌ای‌از جان‌پاک
نوحهٔ دیگر بر آرد دردناک

چون که‌از هر ثقبه‌همچون‌نوحه‌گر
نوحهٔ دیگر کند نوع دگر

در میان نوحه از اندوهِ مرگ
هرزمان‌برخود بلرزد همچو برگ

از نفیر[۳] او همه‌پرّندگان
وزخروشِ او همه‌درّندگان

سویِ او آیند چون‌نظارگی[۴]
دل ببرّند از جهان یکبارگی

از غمش‌آن‌روز درخونِ جگر
پیش او بسیار میرد جانور

جمله از زاریِّ او حیران‌شوند
بعضی‌از بی‌قوّتی بی‌جان‌شوند

۱. حُزمه: مقداری از هر چیز که به صورت واحدی برای اندازه گیری آن به کار می برند.
۲. نوحه: شعر یا کلام آهنگین که در مراسم سوگواری خوانده می شود.
۳. نفیر: فریاد، صدای بلند
۴. نظارگی: تماشاگر

بس عجب روزی بود آن روزِ او
خون چکد از نالهٔ جانسوزِ او

باز چون عمرش رسد با یک نفس
بال و پر بر هم‌زند از پیش و پس

آتشی بیرون جهد از بالِ او
بعداز آن آتش بگردد حالِ او

زود در هیزم فتد آتش همی
پس بسوزد هیزمش خوش خوش همی

مرغ و هیزم هر دو چون اخگر[۱] شوند
بعد از اخگر نیز خاکستر شوند

چون نمانَد ذرّه‌ای اخگر پدید
قُقنُسی آید ز خاکستر پدید

آتشْ آن هیزم چو خاکستر کند
از میانْ ققنسْ بچه سر برکُند

هیچ کس را در جهان این اوفتاد
کاو پس از مردن براید، نابزاد[۲]...

۱. اخگر: هیزم یا زغال سوزان و افروخته، گل آتش، پاره آتش
۲. نابزاد: نازاده، زاییده نشده

دیده ور مردی به دریا شد فرود ...*

دیده‌ور[۱] مردی به دریا شد فرود
گفت «ای دریا چرا داری کبود

جامهٔ ماتم چرا پوشیده‌ای
نیست هیچ آتش، چرا جوشیده‌ای؟»

داد دریا آن نکودل را جواب
کز فراقِ دوست دارم اضطراب

چون ز نامردی نیم من مردِ او
جامه نیلی کرده‌ام از دردِ او

خشک‌لب بنشسته‌ام مدهوش، من
ز آتشِ عشق آبِ من شد جوش‌زن

گر بیابم قطره‌ای از کوثرش[۲]
زندهٔ جاوید گردم بر درش

ورنه چون من صد هزاران خشک‌لب
می‌بمیرد در رهِ او، روز و شب ...

* از منطق الطیر.
۱. دیده ور: آگاه و صاحب نظر
۲. کوثر: چشمه ای در بهشت

چون شد آن حلاّج بر دارآن زمان ...*

چون‌شد آن‌حلاّج[۱] بردار آن‌زمان
جز اناالحق[۲] می‌نرفتش بر زبان

چون زبان او همی نشناختند
چاردست و پای او انداختند

زرد شد چون‌ریخت‌از وی‌خون‌بسی
سرخ کی ماند در آن حالت‌کسی

زود در مالید آن‌خورشیدِ راه
دست‌ببریده به‌روی‌همچو ماه

گفت‌چون گلگونۀ[۳] مردست‌خون
روی از گلگونه‌تر کردم کنون...

عزم‌آن‌دارم که امشب نیم مست...

عزم‌آن‌دارم که امشب نیم‌مست
پای‌کوبان کوزۀ‌دُردی[۴] به‌دست

* از منطق الطیر.
۱. حلاّج: حسین بن منصور حلاّج عارفی که در سال ۳۰۹ هجری قمری (۹۲۱ میلادی) بر اثر تعصب فقهای بغداد، به فتوای آنان به حکم خلیفه عباسی به دار زده شد.
۲. اناالحق: من حقم، من خدا هستم
۳. گلگونه: سرخاب
۴. دُردی: دُرد: ناخالصی ها و مواد ته نشین شده مایعات به ویژه شراب

سر به بازار قلندر[۱] در نهم
پس به یک ساعت ببازم هر چه هست

تا کی از تزویر باشم خودنمای
تا کی از پندار باشم خودپرست

پردهٔ پندار می‌باید درید
توبهٔ زُهاد[۲] می‌باید شکست

وقت آن آمد که دستی بر زنم
چند خواهم بودن آخر پای‌بست

ساقیا در ده شرابی دلگشای
هین که دل برخاست غم در سر نشست

تو بگردان دور[۳] ما تا مردوار
دور گردون زیر پای آریم پست

مشتری[۴] را خرقه از سر بر کشیم
زهره[۵] را تا حشر[۶] گردانیم مست

۱. قلندر: تا اواسط قرن هفتم از جمله در شعر عطار، قلندر به معنی مکانی است که اهل خرابات و رندان در آن جمع بوده اند. معنی این کلمه از اواسط قرن هفتم تغییر یافته و به معنی کسی که در قلندر زندگی می کند درآمده و مفهوم آدم لاابالی و بی قید نسبت به آداب اجتماعی از آن گرفته می شود.
۲. زُهاد: جمع زاهد، پرهیزکاران
۳. دور گرداندن: گرداندن شراب در جمع
۴. مشتری: پنجمین سیاره منظومه شمسی به نسبت دوری از خورشید، برجیس، ژوپیتر، هرمز
۵. زهره: ناهید، ونوس، دومین سیاره منظومه شمسی به نسبت دوری از خورشید
۶. حشر: قیامت، رستخیز

پس‌چو عطار از جهت[۱] بیرون‌شویم
بی‌جهت در رقص آییم از اَلَست[۲]

گم شدم در خود چنان کز خویش ناپیدا شدم ...

گُم‌شدم‌درخود چنان‌کز خویش‌ناپیدا شدم
شبنمی بودم ز دریا غرقه در دریا شدم

سایه‌یی بودم ز اول بر زمین افتاده خوار
راست‌کآن‌خورشید پیداگشت‌ناپیدا شدم

ز آمدن‌بس‌بی‌نشان‌و از شدن[۳] بس‌بی‌خبر
گوییا یک دم برآمد کآمدم من یا شدم

نه، مپرس‌از من‌سخن‌زیرا که‌چون‌پروانه‌یی
در فروغ شمع‌روی دوست ناپروا شدم

در ره عشقش قدم در نه‌اگر با دانشی
لاجرم‌در عشق‌هم‌نادان‌و هم‌دانا شدم

چون‌همه‌تن‌دیده‌می‌بایست‌بودو کورگشت
این عجایب بین‌که چون بینای نابینا شدم

خاک بر فرقم اگر یک ذره دارم آگهی
تا کجاست‌آنجاکه‌من‌سرگشته‌دل‌آن‌جا شدم

۱. جهت: سو، طرف، جانب
۲. الست: زمان آغازین که ارواح آفریده شده بود، ولی اجسام هنوز آفریده نشده بود.
۳. شدن: رفتن

چون‌دل‌عطار بیرون‌دیدم‌از هردو جهان
من ز تأثیر دل او بیدل و شیدا شدم

وقت‌است که در بر آشنایی بزنیم ...

وقت است که در بر آشنایی بزنیم　　تا برگل و سبزه تکیه جایی بزنیم
زان‌پیش که‌دست‌وپا فرو بندد مرگ　　آخرکم‌از آن که‌دست‌و پایی‌بزنیم

هم هر ساعت در رهِ تاریک تری...

هم هر ساعت در ره تاریک‌تری　　هم،هر روزی‌به‌دیده‌باریک‌تری
هرگز چو به‌وصلش‌نرسد هیچ‌کسی　　چندانکه روی‌به‌هیچ‌نزدیک‌تری

گر مرد رهی میان خون باید رفت...

گر مردِ رهی‌میان‌خون‌باید رفت　　از پای فتاده، سرنگون باید رفت
تو پای به‌راه در نه و هیچ مپرس　　هم،راه‌بگویدت که‌چون‌بایدرفت

مولوی بلخی، جلال الدین محمد

۶۰۴ ـ ۶۷۲ ق

جلال الدین محمد مولوی بلخی که او را مولانا و خداوندگار نیز نامیده اند، در سال ۶۰۴ قمری در شهر بلخ (در افغانستان امروزی) به دنیا آمد. او فرزند سلطان العلما بهاءالدین ولد (۵۴۳ ـ ۶۲۸ ق) است که در شهر بلخ مجلس تدریس و وعظ داشت. بهاءالدین ولد همزمان با حمله مغول همراه با خانواده به آسیای صغیر (بخش آسیایی ترکیه امروز) مهاجرت کرد، در شهر قونیه مقیم شد و در همان جا درگذشت. مولوی بعد از مرگ پدر، مجالس وعظ و ارشاد او را ادامه داد، سفرهایی هم برای آموزش بیشتر، به چند شهر از جمله حلب و دمشق کرد و وقتی به قونیه برگشت، عالمی بزرگ بود.

ملاقات مولوی با شمس الدین محمدبن علی بن ملک داد معروف به شمس تبریزی که عارفی بزرگ بود، تحولی عظیم در او به وجود آورد. این ملاقات در سی و هشت سالگی مولوی و در قونیه اتفاق افتاد. اگرچه اقامت شمس تبریزی در قونیه در دو نوبت و در مجموع بیش از دو سال نپایید. اما تاثیر این دیدارها در مولوی تا آخر عمر باقی ماند. حاصل این تأثیر و تأثر دیوان عظیم غزل های مولوی است که به «غزلیات شمس» یا «دیوان کبیر» معروف شده است. مولوی در این غزل ها نام شمس را همچون تخلص خود به کار برده است، اما در بسیاری موارد «خاموش»، «خَمُش» و «خامش» تخلص کرده است. دیوان شمس حاوی حدود ۴۰۰۰۰ بیت است. در این غزل ها تکرار کلمات و عبارات، در وزن هایی تند و رقصان، از جوشش عاطفه و تخیل شاعر خبر می دهد؛ عاطفه و تخیلی که از طریق تصویرهای زنده و پر تحرک بیان می شود. مجموعهٔ واژگان مولوی در این غزل ها ترکیبی است از واژه های ادبی، گفتاری و عامیانه همراه با ترکیب ها و تعبیرهای تازه و ابداعی. مولوی در این غزل ها گاه قواعد متداول وزن و قافیه را کنار گذاشته است و گاه شکل معمول و متداول غزل را با قالب های دیگر در آمیخته است.

بعد از شمس تبریزی، صلاح الدین فریدون زرکوب و حسام الدین چَلَبی همدم و هم صحبت مولوی شدند. حاصل هم صحبتی مولوی با حسام الدین چلبی، اثر بزرگ و یگانهٔ مولوی معروف به «مثنوی معنوی» است که مولوی آن را به درخواست او شروع کرد و تا اواخر عمر به سرودن آن مشغول بود. مثنوی حاوی حکایت ها و تمثیل هایی است که به شیوهٔ داستان در داستان روایت می شود، به این معنی که در ضمن هر حکایت، یک یا چند داستان دیگر به مناسبت می آید. مولوی در این حکایت ها نکته های اخلاقی و عرفانی

بسیاری را تشریح می‌کند و در ضمن آن‌ها با استناد یا اشاره به آیات قرآن و احادیث، به تفسیر آن‌ها می‌پردازد. درک کامل معانی موردنظر مولوی در مثنوی، نیاز به تفسیر و تأمل دقیق دارد. از این‌جهت شرح‌های متعددی بر مثنوی نوشته شده‌است. مثنوی مجموعاً ۶ دفتر است و حدوداً ۲۶۰۰۰ بیت را شامل می‌شود.

غزل‌ها و مثنوی مولوی از زمان حیات او تا امروز در خانقاه‌ها و محل تجمع اهل تصوف و در آیین‌های سماع خوانده می‌شود.

از مولوی علاوه بر مثنوی و غزلیات، تعداد زیادی رباعی و نیز سه‌کتاب به نثر باقی مانده‌است‌که عبارتند از «مکاتیب» (نامه‌ها) «مجالس‌سبعه» (حاوی‌گفتارهای مولوی در مجالس وعظ) و نیز کتاب «فیه‌مافیه» که مجموعه گفتارهای اوست در جواب سؤال‌هایی‌که از او شده‌است و پسرش بهاءالدین‌ولد آن‌ها را تحریر و جمع‌آوری‌کرده‌است.

مولوی در سال ۶۷۲ قمری (اواخر قرن‌سیزدهم میلادی) در قونیه درگذشت. آرامگاهش در این شهر زیارتگاه مردم و محل اجرای مراسم و آیین‌های اهل تصوف‌است.

در مآخذ اسلامی، امپراطوری بیزانس یا روم شرقی‌که آسیای‌صغیر بخشی از آن محسوب می‌شد، روم نامیده می‌شده است، از این‌جهت مولوی را با انتساب به محل اقامتش مولانای رومی و رومی نیز نامیده‌اند.

بود بقالی و وی را طوطیی ...

بود بقالی و وی را طوطیی
خوش‌نوایی،سبز،گویا،طوطیی

بر دکان بودی نگهبان دکان
نکته‌گفتی با همه سوداگران

در خطاب آدمی ناطق بدی
در نوای طوطیان‌حاذق[1] بُدی

جَست‌از سوی‌دکان‌سویی گریخت
شیشه‌های روغن گُل را بریخت

از سوی خانه بیامد خواجه‌اش
بردکان‌بنشست‌فارغ خواجه‌وش

دید پر روغن دکان و جامه چرب
برسرش‌زد‌گشت‌طوطی‌کَل[2] زضرب

روزکی‌چندی‌سخن‌کوتاه‌کرد
مرد بقال از ندامت آه کرد

۱. حاذق: چیره دست، استاد و ماهر
۲. کل: کچل

ریش‌بر می‌کند و می‌گفت «ای دریغ
کافتاب نعمتم شد زیر میغ[۱]

دست من بشکسته بودی آن زمان
چون زدم من بر سرِ آن خوش‌زبان

هدیه‌ها می‌داد هر درویش را
تا بیابد نُطقِ مرغ خویش را

بعد سه‌روز و سه‌شب حیران و زار
بر دکان بنشسته بُد نومیدوار

می‌نمود آن مرغ را هرگون نهفت[۲]
تا که باشد اندر آید او به گفت

جولقی[۳] ای سر برهنه می‌گذشت
با سر بی‌مو چو پشت طاس و طشت

آمد اندر گفت طوطی آن زمان
بانگ بر درویش زد چون عاقلان

کز چه ای کل با کلان آمیختی
تو مگر از شیشه روغن ریختی؟

---

۱. میغ: مِه
۲. هرگون نهفت: یعنی هرگونه چیزهای پنهان مانده که برای طوطی تازگی داشت.
۳. جولقی: جولق لباس پشمین خشن، جولقی: پشمینه پوش، درویش

از قیاسش خنده آمد خلق را
کو چو خود پنداشت صاحب‌دلق[۱] را

کارِ پاکان‌را قیاس از خود مگیر
گر چه‌ماند در نبشتن شیر و شیر...

آن یکی واعظ چو بر تخت آمدی...

آن یکی واعظ چو بر تخت آمدی
قاطعان راه[۲] را داعی[۳] شدی

دست‌برمی‌داشت: یارب! رحم‌ران
بر بدان و مفسدان و ظالمان

بر همه‌ی تَسخَرکنانِ[۴] اهل‌خیر
بر همهٔ کافر دلان و اهل دیر[۵]

می‌نکردی او دعا بر اصفیا[۶]
می‌نکردی جز خبیثان‌را دعا

---

۱. دلق: خرقه
۲. قاطعان راه: قاطعان طریق: راهزنان، دزدان
۳. داعی: دعاگو
۴. تسخر: تمسخر، ریشخند
۵. دیر: جایی که راهبان مسیحی به قصد عبادت در آن اقامت می کنند، صومعه
۶. اصفیا: جمع صفی، برگزیدگان

مرو را گفتند کین معهود[۱] نیست
دعوت[۲] اهل ضلالت جود نیست

گفت: «نیکویی از این‌ها دیده‌ام
من دعاشان زین سبب بگزیده‌ام

خبث و ظلم و جور چندان ساختند
که مرا از شر به خیر انداختند

هر گهی که رو به دنیا کردمی
من از ایشان زخم و ضربت خوردمی

کردمی از زخمْ آن‌جانب پناه
باز آوردند می‌گُرگان به راه

چون سبب ساز صلاح من شدند
پس دعاشان بر منست[۳] ای هوشمند»

بنده می‌نالد به حق از درد و نیش
صد شکایت می‌کند از رنج خویش

حق همی گوید که: آخر رنج و درد
مر ترا لابه‌کنان و راست کرد

---

۱. معهود: متداول، معمول
۲. دعوت: دعا
۳. بر منست: بر من واجب است

این گله‌ز آن‌نعمتی کن کِت[۱] زند
از در ما دور و مطرودت کند

در حقیقت‌هر عدو داروی‌تست
کیمیا[۲] و نافع و دلجوی‌تست

که ازو اندر گریزی در خلا[۳]
استعانت‌جویی از لطف خدا

در حقیقت دوستانت دشمنند
که‌ز حضرت‌دور و مشغولت کنند

هست حیوانی که نامش اُشغُر[۴] ست
او به زخم‌چوب زُفت[۵] و لَمتُرست[۶]

تا که‌چوبش‌می‌زنی‌به‌می‌شود
او ز زخم چوب فربه‌می‌شود

نفس مؤمن اشغری آمد یقین
کو به‌زخم‌رنج‌زفتست‌و سمین[۷] ...

۱ . کت: که ترا
۲ . کیمیا: هر چیزی که می تواند اجناس پست را به اجناس عالی تبدیل کند.
۳ . خلا: خلوت
۴ . اُشغُر: خارپشت
۵ . زُفت: بخیل، لئیم
۶ . لَمتُر: قوی هیکل و چاق
۷ . سمین: چاق، فربه

چینیان گفتند: ما نقاش تر...

چینیان گفتند: ما نقاش‌تر
رومیان گفتند: ما را کر و فر[۱]

گفت سلطان: امتحان‌خواهم درین
کز شماها کیست در دعوی گزین[۲]

اهل‌چین‌و روم‌چون‌حاضر شدند
رومیان در علم واقف‌تر شدند

چینیان گفتند: یک‌خانه[۳] به ما
خاصه‌بسپارید و یک‌آنِ شما

بود دو خانه مقابل در به در
ز آن‌یکی چینی ستد رومی‌دگر

چینیان صدرنگ‌از شه خواستند
پس خزینه باز کرد آن ارجمند

هر صباحی‌از خزینه‌رنگ‌ها
چینیان را راتبه[۴] بود از عطا

رومیان گفتند: نه نقش و نه رنگ
در خور آید کار را جز دفع زنگ

۱. کر و فر: حمله و گریز: مجازاً جلال و شکوه
۲. گزین: انتخاب شده به جهت خوبی و والایی
۳. خانه: اتاق
۴. راتبه: راتب، جیره

در فرو بستند و صیقل می‌زدند
همچو گردون ساده و صافی شدند

از دو صد رنگی به بی‌رنگی رهی ست
رنگ چون ابرست و بیرنگی مهی ست

هرچ اندر ابر ضو[۱] بینی و تاب[۲]
آن ز اختردان و ماه و آفتاب

چینیان چون از عمل فارغ شدند
از پی شادی دهل‌ها می‌زدند

شه درآمد دید آن‌جا نقش‌ها
می‌ربود آن عقل را و فهم را

بعد از آن آمد به سوی رومیان
پرده را بالا کشیدند از میان

عکس آن تصویر و آن کردارها
زد برین صافی شده دیوارها

هرچ آن‌جا دید اینجا به نمود
دیده را از دیدهٔ خانه[۳] می‌ربود

رومیان آن صوفیانند ای پدر
بی‌ز تکرار و کتاب و بی‌هنر

۱. ضو: نور، روشنایی
۲. تاب: روشنی ؛ نور
۳. دیده خانه: چشم خانه، حدقه

لیک صیقل کرده‌اند آن سینه‌ها
پاک‌از آز و حرص‌و بُخل‌و کینه‌ها

آن‌صفای آینه‌لاشک[1] دلست
کو نقوش‌بی‌عدد[2] را قابلست...

گفت معشوقی به عاشق کای فتی ...

گفت معشوقی به عاشق کای فتی[3] | تو به غربت دیده‌ای بس شهرها
گو کدامین‌شهر از آن‌ها خوش‌ترست | گفت آن‌شهری که‌در وی‌دلبرست
هر کجا که یوسفی باشد چو ماه | جَنّت‌است،ارچه[4] که‌باشد قعر چاه

بروید ای حریفان، بکشید یار مارا ...

بروید ای‌حریفان، بِکِشید یار ما را
به من‌آورید آخر صنم‌گریز پا را

به ترانه‌های شیرین به بهانه‌های زرین
بکشید سوی‌خانه مهِ خوبِ خوش‌لقا را

---

۱. لاشک: بی شک
۲. بی عدد: بی شمار
۳. فتی: جوان، جوانمرد
۴. ارچه: اگرچه

واگر او به‌وعده گوید که‌دمی دگر بیایم
همه وعده مکر باشد بفریبد او شما را

دمِ سخت گرم‌دارد که‌به‌جادویّ و افسون
بزند گره بر آب او وُ ببندد او هوا را

به‌مبارکیّ و شادی‌چو نگار من در آید
بنشین نظاره می کن[1] تو عجایب‌خدا را

چو جمال‌او بتابد چه‌بود جمال‌خوبان؟
که‌رخ چو آفتابش بکُشد[2] چراغ‌ها را

برو ای دل سبکرو به یَمَن[3] به دلبر من
برسان‌سلام‌و خدمت[4] تو عقیق‌بی‌بها را[5]

آواز داد اختر: «بس روشن است امشب»...

آواز داد اختر: «بس‌روشن‌است‌امشب»
گفتم‌ستارگان‌را:«مه با من‌است‌امشب»

بررو[6] به بام بالا از بهر الصّلا[7] را
گل‌چیدن‌است‌امشب، می‌خوردن‌است‌امشب

۱. می کن: امر استمراری از کردن
۲. کشتن: خاموش کردن
۳. یَمَن: سرزمینی در جنوب شبه جزیره عربستان که در گذشته عقیق آن معروف بوده است.
۴. خدمت: سلام، درود، عرض ارادت و اخلاص
۵. بی بها (به اعتبار کثرت قیمت): چندان قیمت دارد که نمی توان برای آن بهایی تعیین کرد.
۶. بر رفتن: بالا رفتن
۷. الصّلا: کلمه ندا برای فراخواندن به طعام

تا روز دلبر ما اندر بر است چون دل
دستش‌به‌مهر، ما را در گردن‌است‌امشب

تا روزْ ساغرِ می‌در‌گردش‌است‌و بخشش
تا روزْ گل به‌خلوت با سوسن‌است‌امشب

امشب‌شراب‌وصلت‌بر خاص‌وعام‌ریزم
شادیِّ‌آنکه ماهت بر روزن‌است‌امشب

دلا نزد کسی بنشین که او از دل خبر دارد...

دلا نزد کسی بنشین که‌او از دل‌خبر دارد
به‌زیر آن درختی‌رو که‌او گلهای تر دارد

در این‌بازار عطاران‌مرو هر سو چو بیکاران
به دکان‌کسی بنشین که در دکان شکر دارد

ترازو گر نداری‌پس‌تُرا، زو[1] ره‌زند هرکس
یکی قلبی بیاراید[2]، تو پنداری که زر دارد

ترا بر در نشانَد او به طراری[3] که می‌آیم
تو منشین‌منتظر بر در، که‌آن‌خانه‌دو در دارد

به‌هر دیگی که‌می‌جوشد میاور کاسه و منشین
که‌هر دیگی که‌می‌جوشد درون‌چیزی‌دگر دارد

---

۱. زو: زود
۲. قلبی بیاراید: سکه قلبی را به جای سکه درست و بی غش عرضه کند.
۳. طراری: حیله گری کردن

نه‌هر کِلکی[1] شکر دارد، نه‌هر زیری‌زبر دارد
نه‌هر چشمی نظر دارد، نه‌هر بحری گهر دارد

بنال ای بلبل دستان، ازیرا نالهٔ مستان
میان‌صخره و خارا اثر دارد، اثر دارد

بنه‌سر گر نمی‌گنجی، که‌اندر چشمهٔ‌سوزن[2]
اگر رشته‌نمی‌گنجد از آن‌باشد که‌سر دارد

چراغ است‌این‌دل‌بیدار، به‌زیر دامنش‌می‌دار
ازین‌باد و هوا بگذر، هوایش‌شور و شر دارد

چو تو از باد بگذشتی، مقیم‌چشمه‌ای گشتی
حریف همدمی گشتی که‌آبی بر جگر[3] دارد

چو آبت‌بر جگر باشد درخت‌سبز را مانی
که‌میوه‌ی‌نو دهد دایم درون دل‌سفر دارد

ای قوم به حج‌رفته! کجایید، کجایید ؟...

ای‌قوم‌به‌حج‌رفته! کجایید، کجایید؟
معشوق همین‌جاست، بیایید، بیایید

معشوق تو همسایه‌و دیوار به دیوار
در بادیه‌سرگشته‌شما در چه‌هوایید؟

۱. کلک: نی
۲. چشمهٔ سوزن: سوارخ سوزن
۳. آب بر جگر داشتن: تاب و توان داشتن

گرصورتِ بی‌صورتِ معشوق ببینید
هم‌خواجه‌و هم‌خانه‌و هم‌کعبه‌شمایید

ده بار از آن را ه بدان خانه برفتید
یکبار از این خانه بر این بام برایید

آن خانه‌لطیف‌است، نشان‌هاش‌بگفتید
از خواجهٔ آن‌خانه نشانی بنمایید

یک‌دستهٔ گل کو، اگرآن باغ بدیدیت[۱]؟
یک‌گوهرِ جان‌کو، اگر از بحر خدایید؟

با اینهمه‌آن‌رنج شما گنج شما باد
افسوس‌که بر گنج شما پرده شمایید

میان‌باغ، گل‌سرخ های و هو دارد ...

میان باغ،گل‌سرخ های و هو دارد

که بوکنید دهان مرا، چه بو دارد!

به‌باغ، خود همه‌مستند، لیک نی‌چون‌گل

که هر یکی به قدح خورد و او سبو دارد

---

۱ . بدیدیت: بدیدید

چو سال‌سالِ نشاط‌است‌و روز روزِ طرب
خُنُک [۱] مرا و کسی را که‌عیش خو دارد

چرا مقیم‌نباشد ـ چو ما ـ به‌مجلس گل
کسی که ساقیِ باقیِّ [۲] ماهرو دارد؟

به باغ جمله شراب خدای‌می‌نوشند
در آن‌میانه کسی‌نیست کو گلو دارد

عجایبند درختانْش ـ بکر و آبستن ـ
چو مریمی که‌نه‌معشوقه‌و نه‌شو دارد

هزار بار چمن‌را بسوخت [۳] و باز آراست
چه‌عشق‌دارد با ما، چه‌جست‌و جو دارد!

بیا تا قدر همدیگر بدانیم...

بیا تا قدر همدیگر بدانیم
که‌تا ناگه‌ز یکدیگر نمانیم

چومؤمن آینه‌ی‌مؤمن [۴] یقین‌شد
چرا با آینه ما رو گرانیم [۵]؟

---

۱. خُنُک یا خُنَک: خوش به حال
۲. باقی: آن که یا آن چه نابودنشدنی است و بقا دارد، پاینده
۳. سوخت: چون واو او مجهول است سَخت تلفظ می شود.
۴. مؤمن آینه ی مؤمن: اشاره به حدیث نبوی: المؤمن مرآه المؤمن: مؤمن آینه مؤمن است.
۵. روگران: سنگین رو، عبوس

کریمان جان فدای دوست کردند
سگی[۱] بگذار، ما هم مردمانیم

غرض‌ها تیره دارد دوستی را
غرض‌ها را چرا از دل نرانیم؟

گهی[۲] خوشدل شوی از من که میرم
چرا مُرده‌پرست و خصمِ جانیم؟

چو بعدِ مرگ خواهی آشتی کرد
همه عمر از غمت در امتحانیم[۳]

کنون پندار مُردم، آشتی کن
که در تسلیم، ما چون مردگانیم

چو بر گورم بخواهی بوسه دادن
رخم را بوسه ده، کاکنون همانیم

خمش کن مرده‌وار ای دل، ازیرا
به هستی متّهم ما زین زبانیم

گفت مرا آن طبیب: «رو، ترشی خورده ای»...

گفت مرا آن طبیب: «رو، ترشی خورده‌ای»
گفتم: «نی» گفت: «نک، رنگ ترش کرده‌ای

۱. سگی: سگ بودن
۲. گهی: آن زمان
۳. امتحان: در تصوف آزمایش دل با بلاهایی که از طرف خداوند برآن وارد می شود.

دل چو سیاهی دهد، رنگ گواهی دهد

عکس برون می‌زند، گرچه تو در پرده‌ای.»

گفتمش: «ای غیدان، از تو چه دارم نهان؟

پرورشِ جان تویی، جان چو تو پرورده‌ای¹

کیست که زنده کند، آن که تواش کشته‌ای؟

کیست که گرمش کند، چون تواش افسرده‌ای².»

داد شراب خطیر³، گفت: «هلا، این بگیر

شاد شو ار پُر غمی، زنده شو ار مرده‌ای

چشمه بجوشد ز تو ـ چون ارس⁴ ـ ار خاره‌ای

نور بتابد ز تو، گرچه سیه چرده‌ای

گفت درختی به باد: «چند وزی؟ باد گفت:

«باد بهاری⁵ کند گرچه تو پژمرده‌ای.»

جز من اگرت عاشق شیداست بگو...

جُز من اگرت عاشق شیداست بگو

ور میل دلت به جانب ماست بگو

ور هیچ مرا در دل تو جاست بگو

گر هست بگو، نیست بگو، راست بگو

---

۱. جان چو تو پرورده ای: چون جان جان را تو پرورده ای، مایه پرورش جان تو هستی

۲. افسردن: افسراندن: سرد و منجمد کردن

۳. خطیر: ارزشمند

۴. ارس: رودخانه ای که از کوه های ترکیه سرچشمه می گیرد و به دریای خزر می ریزد.

۵. بهاری («ی» مصدری): بهارکاری

در من غم شبکور چرا پیچیده ست...

در من غم شبکور چرا پیچیده ست   کور ست مگر؟ و یا که کورم دیده ست

من در فلکم در آب و گل عکس من است   از آب کسی ستاره کی دزدیده ست

کشتی چو به دریای روان می گذرد ...

کشتی چو به دریای روان می گذرد   می پندارد که نیستان می گذرد

ما می گذریم زین جهان در همه حال   می پنداریم کاین جهان می گذرد

در آتش خویش چون همی جوش کنم ...

در آتش خویش چون همی جوش کنم   خواهم که ترا دمی فراموش کنم

گیرم جامی که عقل بی هوش کند   در جام در آیی و ترا نوش کنم

سعدی، مَشَرَّف‌الدین‌مصلح

؟ ٦٠٦ ـ ٦٩١ یا ٦٩٤ ق

مصلح بن‌عبدالله‌سعدی‌که لقب او را مُشَرَّفُ‌الدین یا شرف‌الدین ذکر کرده‌اند؛ در حدود سال ۶۰۶ هجری قمری در شیراز به دنیا آمد. بیشتر عمر او به سیر و سفر در کشورهای متمدن اسلامی قرن هفتم گذشت. تأثیر تعلیمات و تجربه‌هایی‌که در طول این سفرها کسب‌کرد، در آثار او به خوبی آشکار است. سعدی در میانسالی همزمان با دورهٔ حکومت اتابک ابوبکر بن‌سعد و پسرش سعدبن ابوبکر از اتابکان فارس به شیراز برگشت. شیراز در آن سال‌ها علی‌رغم حملهٔ چنگیز به‌ایران، از خرابی و هرج و مرج مصون‌مانده بود و سعدی اگرچه بعد از آن سفر کوتاه دیگری به بغداد و حجاز و آسیای‌صغیر کرد، اما بقیهٔ عمر خود را در شیراز گذراند و در همین شهر در حدود سال ۶۹۱یا ۶۹۴ قمری(اواخر قرن‌سیزدهم‌میلادی) درگذشت.

مشخصهٔ شیوهٔ سعدی‌در شعر، ایجاز، سادگی، صراحت و شفافیت درکلام و رعایت ترتیب طبیعی کلمات درجمله است‌که زبان شعر او را به نثری شیوا و ساده نزدیک می‌کند. سعدی این شیوه را چه در «بوستان»(که مجموعه‌ای‌ازحکایت‌های اخلاقی درقالب مثنوی‌است) و چه در دیوان خود که مجموعه‌ای از غزل‌ها و قصیده‌ها و قطعه‌هاست به‌کار برده‌است و چنان این‌کار را با استادی و مهارت انجام داده‌است‌که شیوهٔ او در نگاه نخست، بسیار ساده و آسان به‌نظر می‌آید. از این‌جهت سبک او را سهل و ممتنع(آسان و دست نیافتنی) نامیده‌اند. پیش از او فرخی سیستانی شاعر قرن پنجم به چنین شیوه‌ای دست یافته بود.

شعرسعدی به‌جز در غزل‌های‌او، اصولاً تعلیمی و پندآموز است و او این ویژگی را حتّی در قصیده‌هایی‌که در مناسبت‌هایی برای پادشاهان و شاهزادگان سروده، حفظ‌کرده‌است. قصیده‌های او نه در مدح، بلکه در تشویق و ترغیب مخاطبانِ آن‌ها به رعایت عدل و انصاف و توجه به مردم زیردست‌است.

با این‌همه سعدی بیشتر به غزلسرایی معروف است و اگر چه غزل‌های عارفانه و حتی‌گاه غزل‌هایی با مضمون‌های تعلیم و پند و اندرز نیز دارد، اما بیشترین شهرت‌او به واسطه غزل‌های عاشقانه‌است‌که در آن‌ها احساس عشق زمینی و بشری بی‌هیچ‌ابهام و بی‌هیچ نیازی به‌تفسیر و تعبیر بیان شده‌است.

از سعدی‌علاوه بر دیوان چند اثر منثور به‌جا مانده‌است‌که مهم‌ترین آن‌ها «گلستان» است. گلستان مجموعه‌ای از حکایت‌های‌کوتاه اخلاقی‌است‌که به نثر شاعرانهٔ آهنگین نوشته شده و پس از سعدی مورد تقلیدِ بسیار قرار گرفته است. دیگر آثار منثور سعدی از جمله «مجالس‌پنجگانه»، «نصیحهٔ‌الملوک» و «رساله‌عقل‌و عشق» در کلیات سعدی فراهم‌آمده‌است.

سعدی را «افصح‌المتکلمین» یعنی شیواترین و فصیح‌ترین گویندگان نامیده‌اند.

چشمت خوشست و بر اثر خواب خوشترست ...

چشمت خوشست و بر اثر خواب خوشترست
طعم دهانت از شکر ناب خوشترست

زنهار[۱] از آن تبسم شیرین که می‌کنی
کز خندهٔ شکوفهٔ سیراب خوشترست

شمعی به پیش روی تو گفتم که بر کُنم[۲]
حاجت به شمع نیست که مهتاب خوشترست

دوش آرزوی خواب خوشم بود یک زمان
امشب نظر به روی تو از خواب خوشترست

زان سوی بحر آتش اگر خوانی‌ام به لطف
رفتن به روی آتشم از آب خوشترست

در خوابگاه عاشق و سر بر کنار دوست
کیمُخت[۳] خارپشت ز سنجاب خوشترست

ز آب روان و سبزه و صحرا و لاله‌زار
با من مگو که چشم در احباب[۴] خوشترست

---

۱. زنهار: آه، امان
۲. برکردن: روشن کردن، افروختن
۳. کیمُخت: پوست
۴. احباب: دوستان

زهرم مده به دست رقیبانِ تندخوی
از دست خود بده که ز جُلاب[۱] خوشترست

سعدی دگر به گوشهٔ وحدت نمی‌رود
خلوت خوشست و صحبت اصحاب[۲] خوشترست

هر باب از این کتاب نگارین که بر کنی[۳]
همچون بهشت گویی از آن باب خوشترست

خرم آن بقعه که آرامگه یار آنجاست...

خرم آن بقعه[۴] که آرامگه[۵] یار آنجاست
راحتِ جان و شفای دل بیمار آنجاست

من در این جای همین صورت بی جانم و بس
دلم آنجاست که آن دلبر عیار[۶] آنجاست

تنم اینجاست سقیم[۱] و دلم آنجاست مقیم
فلک اینجاست ولی کوکب سیّار آنجاست

۱. جُلاّب: نوعی شربت که از شکر، گلاب و برخی مواد دیگر درست می شد.
۲. اصحاب: یاران، معاشران
۳. برکردن: باز کردن، گشودن
۴. بقعه: سرزمین، خانه
۵. آرامگه: آرامگاه، جای زندگی، منزل
۶. عیّار: زیرک، دلربا، فتنه انگیز

آخر ای باد صبا، بویی اگر می‌آری
سوی شیراز گذر کن که مرا یار آنجاست

دردِ دل پیش که گویم، غم دل با که خورم
روم آنجا که مرا محرم اسرار آنجاست

نکند میل، دل من به تماشای چمن
که تماشایِ دل آنجاست که دلدار آنجاست

سعدی این منزل ویران چه کنی؟ جای تو نیست
رخت بر بند که منزلگه احرار[۲] آنجاست

رها نمی‌کند ایام در کنار منش...

رها نمی‌کند ایام در کنار منش
که داد خود بستانم به بوسه از دهنش

همان کمند بگیرم که صید خاطر خلق
بدان همی کند و در کشم به خویشتنش

ولیک دست نیارم زدن در آن سرِ زلف
که مَبلَغی[۳] دل خلق است زیر هر شکنش

غلام قامت آن لعبتم که بر قدِ او
بریده‌اند لطافت چو جامه بر بدنش

۱. سقیم: بیمار
۲. احرار: جمع حرّ: آنان که از وابستگی ها و تعلّقات به ویژه وابستگی های مادّی آزادند، آزادگان
۳. مبلغی: تعدادی

زرنگ و بوی تو ای سرو قدّ سیم اندام
برفت رونق نسرین[1] باغ و نسترنش

یکی به حکم نظر پای در گلستان نه
که پایمال کنی ارغوان و یاسمنش

خوشا تفرّج نو روز خاصه در شیراز
که برکند دل مردم مسافر از وطنش...

عجب مدار که از غیرت[2] تو وقت بهار
بگرید ابر و بخندد شکوفه بر چمنش

در این روش که تویی گر به مرده بر گذری
عجب نباشد اگر نعره خیزد از کفنش

نماند فتنه در ایّامِ شاه جز سعدی
که بر جمال تو فتنه[3] ست و خلق بر سخنش

بگذار تا بگریم چون ابر در بهاران...

بگذار تا بگریم چون ابر در بهاران
کز سنگ گریه خیزد روز وداع یاران

_____

۱. نسرین: گلی با گل های زرد یا سفید خوشه ای معطر که یکی از گونه های نرگس است.

۲. غیرت: رشک

۳. فتنه: مفتون، فریفته

هر کو شراب فُرقت[۱] روزی چشیده باشد
داند که سخت باشد قطع[۲] امیدواران

با ساروان[۳] بگویید احوال آب چشمم
تا بر شُتُر نبندد مَحمِل[۴] به روز باران

بگذاشتند ما را در دیده آب حسرت
گردان چو در قیامت چشم گناهکاران

ای صبحِ شب‌نشینان جانم به طاقت آمد
از بس که دیر ماندی چون شامِ روزه‌داران

چندین که برشمردم از ماجرای عشقت
اندوه دل نگفتم، الاّ یک از هزاران

سعدی به روزگاران مهری نشسته در دل
بیرون نمی‌توان کرد الاّ به روزگاران

چندت کنم حکایت شرح این قدر کفایت
باقی نمی‌توان گفت الاّ به غمگساران

۱. فُرقت: دوری، جدایی
۲. قطع: بریدن، جدا شدن
۳. ساروان: ساربان، شتربان
۴. مَحمِل بستن: بستن کجاوه بر روی چهارپایان برای سوار شدن و به سفر رفتن و مجازاً آماده سفر شدن، مَحمِل یا کجاوه یا هودج دو اتاق چوبی کوچک بود که برای حمل مسافر به ویژه زنان بر روی اسب، شتر یا استر قرار می دادند.

سر آن ندارد امشب، که برآید آفتابی...

سر آن ندارد امشب، که بر آید آفتابی
چه‌خیال‌ها گذر کرد و گذر نکرد خوابی

به‌چه‌دیر ماندی‌ای صبح که‌جان‌من‌بر آمد
بِزِه [1] کردی و نکردند مؤذنان ثوابی

نفس خروس بگرفت که‌نوبتی بخواند
همه‌بلبلان‌بمردند و نماند جز غُرابی [2]

نفحات [3] صبح‌دانی ز چه‌روی‌دوست‌دارم؟
که به روی دوست‌ماند که بر افکند نقابی

سرم‌از خدای‌خواهد که‌به‌پایش‌اندر افتد
که‌در آب‌مرده بهتر که‌در آرزوی‌آبی...

نه چنان گناهکارم که به دشمنم سپاری
تو به‌دستِ خویشتن کن‌اگرم کنی‌عذابی

دل‌همچو سنگت‌ای‌دوست، به‌آب‌چشم‌سعدی
عجب است اگر نگردد، که بگردد آسیابی

برو ای گدای‌مسکین‌و دری‌دگر طلب کن
که هزار بار گفتیّ و نیامدت جوابی

۱. بِزِه کردن: گناه کردن
۲. غراب: کلاغ
۳. نفحات: نفحه ها، بوی خوش

دیدار می‌نمایی و پرهیز می کنی...

دیدار[۱] می‌نمایی و پرهیز می کنی
بازار خویش‌و آتش‌ما تیز می کنی

گر خون‌دل‌خوری‌فرح‌افزای‌می‌خوری
ور قصد جان کنی طرب‌انگیز می کنی

بر تلخْ عیشی‌من اگر خنده‌آیدت
شاید[۲]، که خندهٔ‌شکر آمیز می کنی

حیران دست و دشنهٔ زیبات مانده‌ام
کاهنگِ خون‌من‌چه‌دلاویز می کنی

سعدی گلت‌شکفت‌همانا، که‌صبحدم
فریاد بلبلان سحرخیز می کنی

من ندانستم از اول که تو بی مهر و وفایی...

من‌ندانستم‌از اول‌که‌تو بی‌مهر و وفایی
عهد نابستن از آن به‌که ببندیّ و نپایی[۳]

دوستان‌عیب کنندم که‌چرا دل به‌تو دادم
باید اول‌به‌تو گفتن که‌چنین‌خوب‌چرایی

---

۱. دیدار: چهره
۲. شاید: شایسته است.
۳. پاییدن: باقی بودن بر عهد و پیمان

حلقه‌بر در نتوانم‌زدن‌از دست‌رقیبان
این‌توانم‌که بیایم به محلّت به‌گدایی

شمع‌را باید ازین‌خانه‌به‌در بردن و کشتن
تا به همسایه نگوید که‌تو در خانهٔ مایی

پرده‌بردار که‌بیگانه‌خود این روی‌نبیند
تو بزرگی و در آیینهٔ کوچک ننمایی

عشق‌و درویشیّ و انگشت‌نماییّ و ملامت
همه سهل است و تحمل نکنم بار جدایی

گفته بودم چو بیایی غم دل با تو بگویم
چون‌بگویم که‌غم‌از دل‌برود چون‌تو بیایی

آن‌نه‌خال‌است‌و زنخدان‌و سر زلف‌پریشان
که دل اهل نظر بُرد، که‌سرّی است خدایی

ای که‌گفتی مرو اندر پی‌خوبانِ زمانه
ما کجاییم در این‌بحر تفکر تو‌کجایی

تو مپندار که سعدی ز کمندت بگریزد
چون‌بدانست که‌دربندِ تو خوشتر که‌رهایی

ای لعبت خندان لب لعلت که مزیده ست؟

ای لعبت خندان لبِ لعلت که مَزیده[۱] ست
وی باغ لطافت بِهِ[۲] رویت که گزیده ست؟

زیباتر از این صید همه عمر نکرده ست
شیرین تر از این خربزه هرگز نبریده ست...

آن خون کسی ریخته ای یا می سرخ است؟
یا توت سیاه است که بر جامه چکیده ست؟

با جمله بر آمیزی و از ما بگریزی
جرم از تو نباشد گنه از بختِ رمیده ست

نیک است که دیوار به یکبار بیفتاد
تا هیچ کس این باغ نگویی که ندیده ست

بسیار توقف نکند[۳] میوهٔ بَر بار[۴]
چون عام[۵] بدانست که شیرین و رسیده ست

گل نیز در آن هفته دهن باز نمی کرد
وامروز نسیم سحرش جامه دریده ست ...

«سعدی »درِ بُستانِ هوای دگری زن
وین کِشته رها کن که در او گلّه چریده ست

۱. مَزیدن: مکیدن
۲. بِه: میوه ای تقریبا کروی، زرد، کرک دار، سفت و خوراکی
۳. توقف کردن: ماندن
۴. بَربار: چیده نشده
۵. عام: عموم مردم ، همه

به‌هیچ یار مده خاطر و به هیچ دیار ...*

به‌هیچ یار مده خاطر و به هیچ دیار
که‌برّ[۱] و بحر فراخست‌و آدمی‌بسیار

همیشه بر سگ شهری جفا و سنگ آید
از آن که‌چون‌سگ‌صیدی‌نمی‌رود به‌شکار...

چو ماکیان‌به‌درِخانه‌چند بینی‌جور؟
چرا سفر نکنی چون کبوتر طیّار[۲]

ازین‌درخت‌چو بلبل‌بر آن‌درخت‌نشین
به‌دام دل‌چه فرو مانده‌ای چو بوتیمار[۳]؟

زمین‌لگد خورَد از گاو و خربه‌علت‌آن
که ساکن است، نه مانند آسمان دوّار

گرت هزار بدیع الجمال پیش آید
ببین‌و بگذر وخاطر به‌هیچ‌کس، مسپار

مُخالط‌همه‌کس‌باش‌تا بخندی‌خوش
نه‌پای‌بند یکی، کز غمش‌بگریی زار...

* . بخشی از قصیدهٔ اول از دو قصیدهٔ متوالی که سعدی آن ها را با وزن و قافیهٔ مشترک در ستایش شمس الدین محمد جوینی سروده است.
۱ . برّ: زمین، خشکی
۲ . طیّار: پرواز کننده
۳ . بوتیمار: غم خورک، پرنده بزرگ باتلاقی و سفیدرنگ با گردن، نوک و پاهای دراز که صدایش شبیه هق هق گریه است.

کسی کند تن آزاده را به بند اسیر؟
کسی کند دلِ آسوده‌را به‌فکر: فَگار[۱]؟...

مرا که‌میوهٔ‌شیرین‌به‌دست‌می‌افتد
چرا نشانم بیخی که تلخی آرد بار؟

چه‌لازمست‌یکی‌شادمان و من‌غمگین
یکی‌به‌خواب‌و من‌اندر خیال‌وی‌بیدار؟

مرا رفیقی باید که بار برگیرد
نه صاحبی[۲] که من از وی کنم‌تحمل‌بار

اگر به شرط وفا دوستی به جای آرد
وگرنه‌دوست‌مدارش‌تو نیز و دست‌بدار

کسی‌که از غم‌و تیمار[۳] من نیندیشد
چرا من‌از غم‌و تیمار وی‌شوم بیمار؟

چو دوست جور کند بر من و جفا گوید
میان‌دوست‌چه‌فرقست‌و دشمن‌خونخوار؟...

به‌راحتِ نفسی، رنج‌پایدار مجوی
شبِ شراب نیرزد به بامدادِ خمار...

---

۱. فگار (افگار): فَکار: آزرده، غمگین
۲. صاحب: حریف، همنشین
۳. تیمار: غم و اندوه

من آزموده‌ام این رنج و دیده‌ این زحمت
ز ریسمان متنفر بود، گزیدهٔ مار

طریق معرفت اینست بی خلاف ولیک
به گوش عشق موافق نیاید این گفتار

چو دیده دید و دل از دست رفت و چاره نماند
نه دل ز مهر شکیبد، نه دیده از دیدار...

شبی دراز درین فکر تا سحر همه‌شب
نشسته‌بودم و با نفس خویش در پیکار

بسی نماند که روی از حبیب برپیچم
وفای عهد عنانم گرفت دیگر بار

که سخت سست گرفتی و نیک بد گفتی
هزار نوبت ازین رای باطل استغفار

دگر مگوی که من ترک عشق خواهم گفت
که قاضی از پس اقرار نشنود انکار ...

به‌نوبت‌اند ملوک اندرین سپنج سرای...

به‌نوبت‌اند ملوک اندرین سپنج [1] سرای
کنون که نوبت تُست ای مَلِک به عدل گرای

۱. سپنج: عاریه، موقت

چه‌مایه بر سر این مُلک سروران بودند
چو دور عمر به‌سرشد درآمدند از پای

تو مرد باش و ببر با خود آن چه بتوانی
که‌دیگرانْش به‌حسرت گذاشتند به‌جای

دِرَم[۱] به‌جورستانانِ زر به‌زینت‌ده
بنای خانه کَنانند بامِ قصر اندای

به‌عاقبت‌خبر آمد که‌مُرد ظالم و ماند
به‌سیمِ سوختگان‌زرنگار کرده سرای

بُخور مجلسش از ناله‌های دودآمیز
عقیق‌زیورش‌از دیده‌های‌خون‌پالای

دیار مشرق‌و مغرب‌مگیر و جنگ‌مجوی
دلی به دست‌کن و زنگ خاطری بزدای

نگویمت‌چو زبان‌آوران‌رنگ‌آسای[۲]
که‌ابر مشک‌فشانیّ و بحر گوهر زای

نکاهد آنچه نبشتست عمر و نفراید
پس‌این‌چه‌فایده گفتن که‌تا به‌حشر بپای...

مزید[۳] رفعت دنیا و آخرت طلبی
به‌عدل‌وعفو وکرم‌کوش‌و در صلاح‌افزای...

---

۱. درم: سکّه
۲. رنگ آسای: نیرنگ باز
۳. مزید : افزونی

چنان قحط سالی شد اندر دمشق ... *

چنان قحط‌سالی شد اندر دمشق
که یاران فراموش کردند عشق

چنان آسمان بر زمین شد بخیل
که لب تر نکردند زرع و نخیل[۱]

بخوشید[۲] سرچشمه‌های قدیم
نماند آب، جز آب چشم یتیم

نبودی به جز آه بیوه‌زنی
اگر برشدی دودی از روزنی[۳]

چو درویشِ بی‌رنگ دیدم درخت
قوی بازوان سست و درمانده سخت

نه در کوه سبزی نه در باغ شخ[۴]
ملخ بوستان خورده مردم ملخ

در آن حال پیش آمدم دوستی
ازو مانده بر استخوان پوستی

---

* از بوستان.

۱ . نخیل: درخت خرما

۲ . خوشیدن: خشک شدن

۳ . روزن: پنجره کوچک، دریچه

۴ . شخ: شاخه درخت

وگرچه به مُکنَت قوی حال بود

خداوند جاه و زر و مال بود

بدو گفتم ای یار پاکیزه خوی

چه درماندگی پیشت آمد بگوی

بغرّید بر من که عقلت کجاست

چو دانیّ و پرسی سؤالت خطاست

نبینی که سختی به غایت رسید

مشقت به حد نهایت رسید

نه باران همی آید از آسمان

نه بر می‌رود دود فریاد خوان[1]

بدو گفتم آخر ترا باک نیست

کُشد زهر جایی که تریاک[2] نیست

گر از نیستی دیگری شد هلاک

ترا هست، بط[3] را ز طوفان چه باک

نگه کرد رنجیده در من فقیه

نگه کردن عاقل اندر سفیه

که مرد، ارچه بر ساحلست ای رفیق

نیاساید و دوستانش غریق

---

۱. فریادخوان: فریادخواه، آنکه از کسی یا چیزی شکایت دارد و دادخواهی می کند.

۲. تریاک: پادزهر، ضدّ سم

۳. بط: مرغابی

من از بینوایی نیم‌روی‌زرد
غم بینوایان رخم زرد کرد

نخواهد که بیند خردمند، ریش[۱]
نه‌بر عضو مردم، نه‌بر عضو خویش

یکی اول از تندرستان‌منم
که ریشی ببینم، بلرزد تنم

مُنغّض[۲] بود عیش آن تندرست
که باشد به‌پهلوی بیمار سست

چو بینم که‌درویش‌مسکین‌نَخورد
به‌کام اندرم لقمه زهرست و درد

یکی‌را به‌زندان‌درش‌دوستان
کجا ماندَش‌عیش در بوستان

شنیده ام که فقیهی به دشتوانی گفت...

شنیده‌ام که فقیهی به دشتوانی[۳] گفت
که‌هیچ‌خربزه‌داری‌رسیده؟ گفت آری

---

۱. ریش: جراحت، زخم
۲. منغض: تیره، ناخوش، ناگوار
۳. دشتوانی: دشتبان

از این طرف، دو، به دانگی[۱] گر اختیار کنی
وزان، چهار به دانگی قیاس کن باری

سؤال کرد که چندین تفاوت از پی چیست؟
که فرق نیست، میان دو جنس بسیاری

بگفت از این چه تو بینی حلال ملک منست
نیامدست به دستم به وجه آزاری

وزان دگر پسرانم به غارت آوردند
حرام را نبود با حلال مقداری

فقیه گفت حکایت دراز خواهی کرد
ازین حرام ترت هست صد به دیناری؟

تنها ز همه خلق و نهان می گریم...

تنها ز همه خلق و نهان می گریم
چشم از غم دل به آسمان می گریم

طفل از پی مرغِ رفته چون گریه کند
بر عمر گذشته، همچنان می گریم

۱. دانگ: سکه ای دارای ارزشی معاد ل یک ششم درم

حافظ، شمس‌الدین‌محمد

؟ ـ ۷۹۱ ق

خواجه شمس‌الدین‌محمد حافظ شیرازی در اواسط نیمه اول قرن هشتم هجری در شیراز به دنیا آمد و در سال ۷۹۱ هجری قمری (اواخر قرن چهاردهم میلادی) در همان شهر درگذشت. حافظ علوم ادبی و اسلامی دوران خود را در شیراز فراگرفت و قرآن را حفظ کرد و از این جهت تخلص «حافظ» را (به‌معنی کسی که قرآن را در حفظ دارد) برای خود انتخاب کرد.

دوران زندگی حافظ مصادف بود با دورانی از تاریخ ایران که بر اثر حملهٔ مغول، حکومت مقتدر مرکزی از بین رفته بود و حکومت‌های کوچک در نقاط مختلف ایران، گاه‌گاه قدرتی به دست می‌آوردند و اغلب بر سر حفظ آن با هم نزاع داشتند. در دوران زندگی حافظ، خاندان اینجو در فارس حکومت داشت، آخرین پادشاه این خاندان، شاه شیخ ابواسحاق به دست امیر مبارزالدین از امیران آل‌مظفر کشته شد و فارس در اختیار آل‌مظفر درآمد. امیر مبارزالدین پادشاهی متعصب و سختگیر بود و پسرش شاه شجاع او را از سلطنت کنار گذاشت. شاه شجاع اهل ادب و شعر بود و با حافظ دوستی و مشاعره داشت. حافظ با پادشاهان بعد از شاه شجاع نیز که اغلب دورانی کوتاه بر سرِ کار بودند، نیز مراوده داشته و گاه‌گاه آن‌ها را در غزل‌های خود ستوده‌است.

در شعر حافظ مضمون‌های عاشقانه و عارفانه به‌هم آمیخته‌است، اما آنچه شعر او را از شاعران پیشین مشخص می‌کند، نگاه تند و انتقادی اوست به جامعه که در آن دوران هم به ظلم حکومت و هم به ریاکاری زاهدان و اهل‌تصوف آلوده بود. حافظ با زبانی آمیخته به طنز و کنایه، به جنگ این آلودگی‌ها برخاسته‌است. در جای‌جای غزل‌های او به بیت‌هایی برمی‌خوریم که جنبهٔ اجتماعی و انتقادی دارد. انتقادهای حافظ هم دست‌اندرکاران حکومت و هم سردمداران نابه‌جای دین و تصوف را شامل می‌شود و از آزاداندیشی و علوطبع و عمق‌اندیشه و وسعت دیدگاه‌های انسانی و فلسفی او خبر می‌دهد. شیوه‌ای که حافظ از جهت رعایت استقلال بیت‌ها در غزل، به‌کار برده، به او این امکان را داده‌است که مضمون‌های انتقادآمیز و همچنین مفاهیم عارفانه و عاشقانه را در یک غزل بگنجاند.

زبان شعر حافظ، سرشار از کلمات چند پهلو، اشاره‌ها، استعاره‌ها و کنایه‌های ظریف و دیریاب‌است. حافظ در انتخاب کلمات شعر خود، بیش از هر چیز به موسیقی و هماهنگی آن‌ها با یکدیگر توجه داشته‌است.

از خصوصیات روش شاعری حافظ، اصلاح‌های مکرری است که در شعر خود انجام می‌داده است،

صورت‌های متفاوت بسیاری از ابیات او که در نسخه‌های مختلف ضبط شده، اغلب حاصل تغییر و تبدیل‌هایی است که خود او با رشد خلاقیت و کسب مهارت، در شعرهای خود به عمل آورده‌است.

شعر حافظ در میان مردم فارسی‌زبان از محبوبیت بسیار برخوردار است. کلی بودن‌و عمق معانی و مفاهیمی که حافظ بیان می‌کند، باعث شده که هرکس پاره‌ای از آرزوها و اندیشه‌های خود را در بیت یا حتی مصراعی از شعر او بیابد و بنا به‌ذهنیت خود، آن را تفسیر و تعبیر کند. از این‌جهت، از دیرباز فال‌گرفتن از دیوان حافظ در بین عوام و خواص متداول شده‌است و نخست دیوان او را و بعدها خود او را «لسان‌الغیب» (بازگو کنندهٔ آنچه در عالم غیب وجود دارد) لقب داده‌اند.

از حافظ علاوه بر غزل، چند قصیده و قطعه و یکی دو مثنوی کوتاه باقی مانده‌است که معروف‌ترین آن‌ها «ساقی‌نامه» و «مغنی‌نامه» است.

ای‌نسیم سحر آرامگه یار کجاست ...

ای نسیمِ سحر آرامگهِ[۱] یار کجاست
منزلِ آن‌مهِ عاشق‌کشِ عیار[۲] کجاست

شبِ تار است و رهِ وادیِ ایمَن[۳] در پیش
آتشِ طور[۴] کجا موعدِ دیدار کجاست

هر که آمد به جهان نقشِ خرابی دارد
در خرابات[۵] مپرسید که هشیار کجاست

آن کس است اهل بشارت[۶] که اشارت داند
نکته‌ها هست بسی محرم اسرار کجاست

هرسر مویِ مرا با تو هزاران کار است
ما کجاییم و ملامتگرِ بیکار کجاست

باز پرسید ز گیسویِ شکن در شکنش
کاین دلِ غمزده سرگشته گرفتار کجاست

عقل دیوانه شد آن سلسلهٔ مشکین کو
دل ز ما گوشه گرفت ابرویِ دلدار کجاست

---

۱ . آرامگه: آرامگاه، منزل
۲ . عیّار: زیرک، فتنه انگیز
۳ . وادی ایمَن یا أیمن: درهٔ واقع در سمت راست؛ دره ای که در آن موسی هنگام جست و جوی آتش به طرف درختی شعله ور در طور سینا(کوه سینا) کشیده شد و خدا از آن درخت با او سخن گفت.
۴ . طور سینا: کوه سینا
۵ . خرابات: جایی مانند میخانه و روسپی خانه که در آن اعمال خلاف شرع چون میخوارگی و فسق و فجور انجام می شود. اما در ادبیات عرفانی، جایی خیالی، نماد حقیقت طلبی و راستی و ضدیت با ریاورزی و به تعبیر صوفیان، مقام اتصال به ذات حق.
۶ . بشارت: خبر خوش، مژده

بادهو مطرب و گل جمله مهیاست ولی
عیش بی یار مُهَنّا[۱] نشود یار کجاست

«حافظ» از بادِ خزان در چمنِ دهر مرنج
فکرِ معقول بفرما گلِ بی خار کجاست

زلف آشفته و خُوی کرده و خندان لب و مست ...

زلف آشفته و خوی[۲] کرده و خندان لب و مست
پیرهن چاک و غزلخوان و صُراحی[۳] در دست

نرگسش عربده جوی[۴] و لبش افسوس کُنان[۵]
نیمشب دوش به بالینِ من آمد بنشست

سر فرا گوشِ من آورد و به آوازِ حزین
گفت ای عاشقِ دیرینهٔ من خوابت هست

عاشقی را که چنین بادهٔ شبگیر دهند
کافرِ عشق بوَد گر نشود باده پرست

برو ای زاهد و بر دُردکشان[۶] خرده مگیر
که ندادند جز این تحفه به ما روزِ اَلَست[۷]

---

۱. مهنّا: خوش و گوارا
۲. خُوی یا خِوی: عرق
۳. صُراحی: نوعی تنگ معمولاً شیشه ای و دارای دسته و لوله بلند که شراب را از آن در جام می ریخته اند.
۴. عربده جو: ویژگی آن که بر اثر مستی داد و فریاد می کشد و رفتار ناروا نشان می دهد.
۵. افسوس: ریشخند و تحقیر: افسوس کنان، درحال مسخره کردن
۶. دُردکش: دردآشام: آن که دُرد (مواد ته نشین شده شراب) را می نوشد و به مجاز شرابخواری که شراب را تا آخر می نوشد.
۷. الست: زمان آغازین که ارواح آفریده شده بود اما اجسام هنوز آفریده نشده بود.

آنچه او ریخت به پیمانهٔ ما نوشیدیم
اگر از خَمر بهشت است و گر از بادهٔ مست[۱]

خندهٔ جامِ می و زلفِ گره‌گیرِ[۲] نگار
ای بسا توبه که چون توبهٔ «حافظ» بشکست

تنت به ناز طبیبان نیازمند مباد...

تنت به نازِ طبیبان نیازمند مباد
وجودِ نازکت آزردهٔ گزند مباد

سلامتِ همه آفاق در سلامتِ تست
به هیچ عارضه شخصِ[۳] تو دردمند مباد

درین چمن چو درآید خزانِ یغمایی[۴]
رهش به سروِ سهی قامتِ بلند مباد

در آن بساط که حسنِ تو جلوه آغازد
مجالِ طعنهٔ بدبین و بد پسند مباد

جمالِ صورت و معنی زامنِ صحتِ تست
که ظاهرت دِژم[۵] و باطنت نژند[۶] مباد

---

۱. مست: مست کننده
۲. گره گیر: دارای چین و شکن
۳. شخص: پیکر، بدن
۴. یغمایی: غارتگر
۵. دِژم یا دُژم: آزرده، ناراحت
۶. نژند: مضطرب، نگران، افسرده

هرآنکه‌روی چو ماهت‌به‌چشمِ بد بیند
بر آتشِ تو به جز چشمِ او سپند[۱] مباد

شفا ز گفتهٔ شکر فشانِ « حافظ »جوی
که حاجتت به علاجِ گلاب‌و قند مباد

درخت‌دوستی‌بنشان که کام دل به بار آرد...

درختِ دوستی بنشان که کامِ دل‌به‌بار آرد
نهالِ دشمنی بر کن که رنجِ بی‌شمار آرد

چو مهمانِ خراباتی[۲] به‌عزّت‌باش با رندان
که‌دردسر کشی جانا گرت‌مستی خمار آرد

شبِ صحبت غنیمت‌دان که بعد از روزگارِ ما
بسی گردش کند گردون بسی لیل[۳] و نهار[۴] آرد

عماری[۵] دارِ لیلی‌را که مهدِ[۶] ماه در حکم‌است
خدایا در دل اندازش که بر مجنون گذار آرد

بهارِ عمر خواه ای دل وگرنه این‌چمن هرسال
چو نسرین‌صد گل‌آرد بار و چون‌بلبل‌هزارآرد

۱. سپند: اسفند، دانه سیاه خوشبویی که آن را برای دفع چشم زخم در آتش می ریزند.
۲. خرابات: جایی مانند میخانه و روسپی خانه که در آن اعمال خلاق شرع انجام می شود. اما در ادبیات عرفانی، جایی خیالی، نماد حقیقت طلبی و راستی و ضدیت با ریاورزی و به تعبیر صوفیان مقام اتصال با ذات حق.
۳. لیل: شب
۴. نهار: روز
۵. عماری: دو اتاقک چوبی که بر پشت اسب، شتر یا فیل می بستند و هنگام سفر در آن می نشستند، کجاوه، محمل
۶. مهد: گهواره

خدا را چون دلِ ریشم قراری بست با زلفت
بفرما لعلِ[۱] نوشین را که حالش با قرار آرد

درین‌باغ ار خدا خواهد دگر پیرانه‌سر «حافظ»
نشیند بر لبِ جویی و سروی در کنار آرد

روز وصل دوستداران یاد باد

روز وصل دوستداران یاد باد
کامم از تلخیِّ غم چون زهر گشت

گرچه یاران فارغ‌اند از یاد من
این زمان در کس وفاداری نماند

مبتلا گشتم درین بند و بلا
گرچه صد رود است در چشمم مدام

راز «حافظ» بعد از این ناگفته ماند

یاد باد آن روزگاران یاد باد
بانگ نوش شادخواران[۲] یاد باد

از من ایشان را هزاران یاد باد
زان وفاداران و یاران یاد باد

کوشش آن حق‌گزاران یاد باد
زنده رود[۳] و باغِ کاران[۴] یاد باد

ای دریغ آن رازداران یاد باد

سحر بلبل حکایت با صبا کرد

سحر بلبل حکایت با صبا کرد
که‌عشقِ رویِ گل با ما چها کرد

۱. لعل: نوعی سنگ قیمتی اغلب به رنگ قرمز و در شعر فارسی مجازاً لب معشوق

۲. شادخواران: شراب خواران

۳. زنده رود، زاینده رود، رود معروفی در اصفهان

۴. باغِ کاران: باغ معروفی در کنار زاینده رود

از آن رنگِ رخم خون در دل انداخت
وز این گلشن به خارم مبتلا کرد

غلامِ همتِ[1] آن نازنینم
که کارِ خیر بی روی و ریا کرد

من از بیگانگان دیگر ننالم
که با من هر چه کرد آن آشنا کرد

گر از سلطان طمع کردم خطا بود
ور از دلبر وفا جُستم جفا کرد

خوش اش باد آن نسیمِ صبحگاهی
که دردِ شب نشینان را دوا کرد

به هر سو بلبلِ عاشق در افغان
تنّعم[2] از میانِ بادِ صبا کرد

نقابِ گل کشید و زلفِ سنبل
گره بندِ[3] قبایِ غنچه وا کرد

بشارت بر به کویِ می فروشان
که «حافظ» توبه از زهد و ریا کرد...

---

۱. همت: بلندطبعی، بلند نظری، جوانمردی

۲. تنعم: خوش گذرانی، عیش و عشرت

۳. گره بند: هر یک از دو رشته کوتاهی در لباس و مانند آن که آن ها را به هم گره می زنند.

خوش‌است خلوت اگر یار یارِ من باشد...

خوش‌است خلوت اگر یار یارِ من‌باشد
نه من بسوزم و او شمعِ انجمن‌باشد

من آن‌نگینِ سلیمان[1] به‌هیچ‌نستانم
که‌گاه‌گاه بر او دستِ اهرمن‌باشد

روا مدار خدایا که در حریمِ[2] وصال
رقیب‌محرم‌و حِرمان[3] نصیبِ من‌باشد

همای[4] گو مفگن سایهٔ شرف هرگز
در آن‌دیار که‌طوطی کم‌از زغن[5] باشد

بیانِ شوق چه‌حاجت که‌حال آتشِ دل
توان‌شناخت‌ز سوزی که‌در سخن‌باشد

هوای‌کویِ تو از سر نمی‌رود آری
غریب را دلِ سرگشته با وطن باشد

به‌سانِ سوسن اگر ده‌زبان‌شود «حافظ»
چوغنچه پیشِ تواَش مُهر بر دهن‌باشد

---

۱ . اشاره است به سلیمان پادشاه و پیغمبر بنی اسرائیل و نگین انگشتری او که نام بزرگ خدای تعالی بر آن نوشته شده بود و سلیمان با این انگشتر بر دیوان و شیاطین حکم می راند. تا روزی که دیوی آن انگشتری را با حیله به دست آورد.
۲ . حریم: جایی که حرمت دارد، مکان مقدس
۳ . حرمان: بی نصیبی و بی بهرگی، همراه با پشیمانی و اندوه و نا امیدی
۴ . هما(همای): پرنده ای با جثه ای نسبتاً درشت از خانواده لاشخورها، دارای بال های بلند و دم بلند لوزی شکل به رنگ خاکستری و یک دسته مو در زیر منقار، به اعتقاد قدما سایه آن بر سر هرکس بیفتد به سعادت می رسد.
۵ . زغن: پرنده ای شکاری از خانواده بازها به اندازه کلاغ و دارای دم دوشاخه که معمولاً جوندگان را شکار می کند.

راهی بزن که آهی بر ساز آن توان زد

راهی[۱] بزن که آهی بر ساز آن توان زد
شعری بخوان که با او رطل[۲] گران[۳] توان زد

بر آستان جانان گر سر توان نهادن
گلبانگِ[۴] سر بلندی بر آسمان توان زد

قدّ خمیدهٔ ما سهلت نماید اما
برچشم دشمنان تیر ازاین کمان توان زد

در خانقه نگنجد اسرارِ عشقبازی
جام می مغانه هم با مغان[۵] توان زد

درویش را نباشد برگِ[۶] سرای سلطان
ماییم و کهنه دلقی[۷] کآتش در آن توان زد

اهل نظر[۸] دو عالم در یک نظر ببازند
عشق است و داوِ اول[۹] بر نقدِ جان توان زد

---

۱. راه: آهنگ، نغمه
۲. رطل: پیاله شراب
۳. گران: بزرگ
۴. گلبانگ: صدای بلند معمولا همراه با شور و هیجان برای اعلام امری.
۵. مغان: جمع مغ: در اصل به معنی موبدان زردشتی و در ادبیات صوفیانه نماد می فروشان یعنی عارفان کامل است و جام می مغانه زدن به معنی همهٔ آن عوالمی است که به سیر و سلوک عارفان ارتباط دارد.
۶. برگ: توشه و هرچیز مورد نیاز
۷. دلق: خرقه
۸. اهل نظر: آنان که بصیرت دارند و ظرافت امور و حالات را درمی یابند.
۹. داوِ اول: اولین دور بازی نرد که در آن گرو مضاعف می شود.

گر دولت وصالت خواهد دری گشودن
سرها بدین تخیل بر آستان توان زد

عشق و شباب و رندی مجموعهٔ مراد است
چون جمع شد معانی گوی بیان توان زد

شد رهزن سلامت زلف تو واین عجب نیست
گر راهزن تو باشی صد کاروان توان زد

«حافظ» به حق قرآن کز شِید[۱] و زرق[۲] بازآی
باشد که گوی[۳] عیشی در این جهان توان زد

نفس‌باد صبا مُشک فشان خواهد شد...

نفسِ بادِ صبا مشک[۴] فشان‌خواهد شد
عالمِ پیر دگرباره جوان خواهد شد

ارغوان جام‌عقیقی‌به‌سمن[۵] خواهد داد
چشمِ نرگس‌به‌شقایق‌نگران‌خواهد شد

این‌تطاول[۶] که‌کشید از غمِ هجران‌بلبل
تا سراپردهٔ گل نعره‌زنان خواهد شد

---

۱ . شِید: شیادی، مکر ، فریب
۲ زرق: فریبکاری و تزویر
۳ . گوی زدن: گوی و چوگان بازی کردن
۴ . مُشک یا مِشک: ماده ای است با عطر نافذ و پایدار که از کیسه ای در زیر پوست شکم نوعی آهوی نر به دست می آید. مشک فشان: مجازاً به معنی معطر
۵ . سمن: یاسمن، یاسمین، درختچه ای زینتی با گل های درشت و معطر به رنگ های سفید ، زرد و قرمز
۶ . تطاول: ستم و تعدی، دست درازی

گر ز مسجد به خرابات شدم خرده مگیر
مجلسِ وعظ دراز است و زمان[1] خواهد شد

ای دل ار عشرتِ امروز به فردا فگنی
مایهٔ نقدِ بقا را که ضِمان[2] خواهد شد؟

ماهِ شعبان[3] منه از دست قدح کاین خورشید
از نظر تا شبِ عیدِ رمضان خواهد شد

گل عزیز است غنیمت شمریدش صحبت
که به باغ آمد ازین راه و از آن خواهد شد

مطربا مجلسِ انس است غزل خوان و سرود
چند گویی که چنین رفت و چنان خواهد شد

«حافظ »از بهرِ تو آمد سوی اقلیم[4] وجود
قدمی نِه به وداعش که روان خواهد شد

یاری اندر کس نمی بینیم یاران را چه شد

یاری اندر کس نمی بینیم یاران را چه شد
دوستی کی آخر آمد دوستداران را چه شد

۱. زمان: موقعیت و فصل مناسب برای انجام کاری، موقع، مهلت، فرصت
۲. ضمان یا ضمّان شدن: ضامن شدن، برعهده گرفتن
۳. شعبان: ماه هشتم از سال قمری پیش از رمضان
۴. اقلیم: سرزمین، کشور

آب حیوان تیره گون شد خضرِ فرخ پی کجاست
خون چکید از شاخ گل باد بهاران را چه شد

کس نمی گوید که یاری داشت حق دوستی
حق شناسان را چه حال افتاد یاران را چه شد

شهرِ یاران بود و خاک مهربانان این دیار
مهربانی کی سر آمد شهر یاران را چه شد

لعلی از کان مروت بر نیامد سال ها ست
تابش خورشید وسعی باد و باران را چه شد

گوی توفیق و کرامت در میان افگنده اند
کس به میدان درنمی آید سواران را چه شد

صد هزاران گل شکفت و بانگ مرغی بر نخاست
عندلیبان را چه پیش آمد هَزاران را چه شد

زهره سازی خوش نمی سازد مگر عود[۱]ش بسوخت
کس ندارد ذوق مستی می گساران را چه شد

«حافظ» ! اسرار الهی کس نمی داند خموش!
از که می پرسی که دور روزگاران را چه شد

۱. عود : بربط ؛ سازی با کاسهٔ گلابی شکل .

بیا تا گل برافشانیم و می در ساغر اندازیم...

بیا تا گل برافشانیم و می در ساغر اندازیم
فلک را سقف بشکافیم و طرحی نو دراندازیم

اگر غم لشکر انگیزد که خونِ عاشقان ریزد
من و ساقی بدو تازیم و بنیادش براندازیم

شرابِ ارغوانی را گلاب اندر قدح ریزیم
نسیمِ عطرگردان را شکر در مجمر[۱] اندازیم

چو در دست است رودی خوش بزن مطرب سرودی خوش
که دست افشان غزل خوانیم و پاکوبان سر اندازیم

صبا خاکِ وجودِ ما بدان عالی جناب[۲] انداز
بوَد کان شاهِ خوبان را نظر بر منظر[۳] اندازیم

یکی از عقل می لافد یکی طامات[۴] می بافد
بیا کاین داوری ها را به پیشِ داور اندازیم

بهشتِ عدْن[۵] اگر خواهی بیا با ما به میخانه
که از پایِ خُمت یکسر به حوضِ کوثر[۶] اندازیم

---

۱. مِجمَر: آتشدان کوچک که در آن مواد معطر می سوزاندند.
۲. جناب: آستان، پیشگاه
۳. مَنظَر: فضا یا محیطی که پیش چشم قرار دارد و وضعیت، جریان امر یا رویدادی در آن دیده می شود.
۴ طامات می بافد: سخنان گزاف یا ادعاآمیز بر زبان آوردن، طامات به معنی سخنی یا گفتاری مهمل، بی معنی و بیهوده است و در تصوف سخنان بی اصل، پریشان یا ادعاآمیزی که بعضی از صوفیان به نشانه کرامت و خرق عادت بر زبان می آوردند.
۵. بهشت عدن: بهشت جاویدان
۶. کوثر: چشمه ای در بهشت

سخن‌دانیّ و خوش‌خوانی نمی‌ورزند در شیراز
بیا «حافظ» که تا خود را به مُلکی دیگر اندازیم

ما ز یاران چشم یاری داشتیم

ما ز یاران چشم یاری داشتیم
خود غلط بود آن‌چه می‌پنداشتیم

تا درخت دوستی کی بر دهد
حالیا رفتیم و تخمی کاشتیم

گفت‌و گو آیین درویشی نبود
ورنه با تو ماجراها[1] داشتیم

شیوهٔ چشمت فریبِ جنگ داشت
ما غلط کردیم و صلح انگاشتیم

گلبن حسنت نه خود شد دلفروز
ما دم همّت بر او بگماشتیم

نکته‌ها رفت‌و شکایت کس نکرد
جانب حرمت فرو نگذاشتیم

گفت خود دادی به ما دل حافظا
ما مُحَصّل[2] بر کسی نگماشتیم

۱. ماجرا: در اصطلاح تصوف مراسمی است که اهل تصوف به جا می آوردند. وقتی که یکی از آن ها از دیگری رنجشی داشت، سبب رنجش خود را می گفت و طرف مقابل بخشوده می شد.
۲. محصّل: مامور گرفتن مالیات و امثال آن.

سینه مالامال درد است ای دریغا مرهمی...

سینه مالامال درد است ای دریغا مرهمی　　دل ز تنهایی به جان آمد خدا را همدمی

چشمِ آسایش که دارد از سپهرِ تیز رو　　ساقیا جامی به من ده تا بیاسایم دمی

خیز تا خاطر بدان ترکِ[۱] سمرقندی دهیم　　کز نسیمش بوی جوی مولیان[۲] آید همی

زیرکی را گفتم این احوال بین، خندید و گفت　　صعب روزی بُلعَجَب کاری پریشان عالمی

در طریق عشقبازی امن و آسایش بلاست　　ریش[۳] باد آن دل که با درد تو خواهد مرهمی

اهل کام و ناز را در کوی رندی راه نیست　　رهروی باید جهان سوزی[۴] نه خامی بی‌غمی

آدمی درعالمِ خاکی نمی‌آید به دست　　عالمی دیگر بباید ساخت و ز نو آدمی

گریهٔ«حافظ» چه سنجد[۵] پیشِ استغنای[۶] عشق　　کاندرین طوفان نماید هفت دریا شبنمی

بُوَد آیا که در میکده ها بگشایند

بُوَد آیا که در میکده ها بگشایند　　گره از کار فرو بستهٔ ما بگشایند

اگرازبهردلِ زاهدِ خود بین بستند　　دل قوی‌دار که ازبهرخدا بگشایند

به‌صفای‌دلِ‌رندان[۷] صبوحی‌زدگان[۸]　　بس‌درِ بسته به‌مِفتاح[۹] دعا بگشایند

---

۱. ترک: زیبارو

۲. جوی مولیان: محلی خرم و با صفا در حومهٔ شهر بخارا. این بیت اشاره ای ظریف دارد به شعر معروف رودکی با مطلعِ «بوی جوی مولیان آید همی ...»

۳. ریش: آزرده

۴. جهان سوز: بی اعتنا به جهان و هر چه در آن است.

۵. سنجد (سنجیدن): برابری کردن، ارزش برابری داشتن

۶. استغنا: بی نیازی و در تصوف عظمت و بی نیازی خداوند

۷. رند: بی باک و بی قید. در ادبیات عرفانی :شخص پاکدل و نیک سیرت و بی اعتنا به ظواهر

۸. صبوحی زده : ویژگی کسی که شراب صبحگاهی نوشیده است.

۹. مفتاح : کلید

نامهٔ تَعزیَتِ[۱] دخترِ رز[۲] بنویسید — تا حریفان همه خون از مژه ها بگشایند
گیسوی چنگ بِبُرّید به مرگ می ناب — تا همه مُغبَچگان[۳] زلف دوتا[۴] بگشایند
در میخانه ببستند خدا را مپسند — که در خانهٔ تزویر و ریا بگشایند
«حافظ» این خرقه[۵] که داری تو ببینی روزی — که چه زنّار[۶] ز زیرش به دَغا[۷] بگشایند

بیا ساقی آن می که حال آورد ...

(ساقی نامه)*

بیا ساقی! آن می که حال آورد
کرامت فزاید کمال آورد

به من ده که بس بیدل افتاده ام
وزین هر دو بی حاصل افتاده ام

بیا ساقی! آن می که عکسش ز جام
به کیخسرو[۸] و جم[۹] فرستد پیام

بده تا بگویم به آوازِ نی
که جمشید کی بود و کاووسِ کی[۱] ...

---

۱ . تعزیت: عزاداری
۲ . دختر رز: شراب
۳ . مُغبَچه : فرزند مغ ؛ به مجاز پسر جوانی که در میخانه خدمت می کرده. در ادبیات عرفانی نماد سالک مجذوب.
۴ . دوتا: ویژگی گیسویی که در دو طرف سر به صورت دو رشته در آورده باشند.
۵ . خرقه : لباسی پیراهن مانند که اهل تصوف معمولا از دست پیر می پوشیدند.
۶ . زنّار :کمربندی که مسیحیان برای متمایز شدن از مسلمانان می بسته اند. در ادبیات عرفانی نماد کُفر.
۷ . دَغا : مکر ؛ فریب

* ساقی نامه شعرهایی است در قالب مثنوی که در وزن معینِ فعولن فعولن فعولن فعول خطاب به ساقی سروده می شود.

۸ . کیخسرو: سومین پادشاه از سلسلهٔ افسانه ای کیانیان.
۹ . جم (جمشید): ازبزرگترین پادشاهان اساطیری سلسلهٔ پیشدادیان.

بیا ساقی! آن آتشِ تابناک
که زردشت می‌جویدش زیرخاک

به من ده که در کیشِ رندانِ مست
چه آتش پرست و چه دنیاپرست

بیا ساقی! آن بکرِ[۲] مستورِ[۳] مست
که اندر خرابات[۴] دارد نشست

به من ده که بدنام خواهم شدن
خرابِ می و جام خواهم شدن

بیا ساقی! آن آبِ اندیشه سوز
که گر شیر نوشد شود بیشه‌سوز

بده تا روم بر فلک شیر گیر
بهم بر زنم دامِ این گرگِ پیر...

بده ساقی! آن می که‌شاهی‌دهد
به پاکی او دل گواهی دهد

می ام ده مگر گردم از عیب پاک
بر آرم به عشرت سری زین مغاک[۵]

۱. کاوس ِکی (کیکاوس): دومین پادشاه از سلسلهٔ افسانه ای کیانیان.
۲. بِکر: باکره، دوشیزه
۳. مستور: پوشیده، مجازا پارسا و پاکدامن
۴. خرابات: در اصل به معنی جایی است مانند میخانه یا روسپی خانه که در ان اعمال خلاف شرع انجام می گیرد. اما در ادبیات عرفانی جایی است خیالی، نماد حقیقت طلبی و راستی و ضدیت با ریا و تزویر و به تعبیر صوفیان مقام اتصال به ذات حق .
۵. مُغاک یا مَغاک: گودال، مجازا کرهٔ خاکی، زمین

چو شد باغ روحانیان مسکنم
در اینجا چرا تخته بند[۱] تنم

شرابم ده و روی دولت ببین
خرابم کن و گنج حکمت ببین

من آنم که چون جام گیرم به دست
ببینم دران آینه هرچه هست

به مستی دم پارسایی زنم
دم خسروی در گدایی زنم

به مستی توان دُرّ اسرار سُفت[۲]
که در بیخودی راز نتوان نهفت

که حافظ چو مستانه سازد سرود
ز چرخش دهد رود زهره[۳] درود

مغنّی! ملولم دوتایی بزن ...

(مغنّی‌نامه)*

مغنّی! ملولم دوتایی[۴] بزن
به‌یکتایی اوکه تایی[۵] بزن

۱ . تخته بند: اسیر، گرفتار
۲ . سُفت (سفتن): سوراخ کردن دُرّ(مروارید) اسرارسفتن تعبیری است برای راه یافتن به حقایق عرفانی.
۳ . زهره: دومین سیاره منظومه شمسی به نسبت فاصله از خورشید، ناهید، ونوس، نماد نوازندگی و خنیاگری.
* مغنی نامه: شعرهایی است در قالب مثنوی در وزن معین فعولن فعولن فعولن فعول خطاب به مغنی (آوازه خوان و مطرب).
۴ . دوتا: دوتار، ساز زهی مضرابی از خانواده تنبور
۵ . تا: رشته سازهای زهی

به مستان نوید سرودی فرست
به یاران رفته درودی فرست

مغنی! بساز آن نوآیین سرود
بگو با حریفان به آواز رود

مرا بر عدو عاقبت فرصت‌است
که از آسمان مژدهٔ نصرت‌است

مغنی! نوای طرب ساز کن
به‌قول و غزل قصه‌آغاز کن

که بار غمم‌بر زمین دوخت‌پای
به‌ضرب اصولم[۱] بر آور ز جای

مغنی نوایی به‌گلبانگ[۲] رود[۳]
بگوی و بزن خسروانی[۴] سرود

روان بزرگان ز خود شاد کن
ز پرویز[۵] و از باربد[۶] یاد کن

مغنی! از آن پرده نقشی بیار
ببین تاچه گفت‌از درون پرده‌دار

---

۱. اصول: هفده آواز اصلی در موسیقی ایرانی
۲. گلبانگ: آواز خوش و بلند از حنجره انسان یا از آلات موسیقی
۳. رود: هر نوع ساز به طور مطلق و به طور خاص بربط یا عود
۴. خسروانی: مربوط و مخصوص به خسروان(پادشاهان) مجازاً عالی، بسیار خوب، در ضمن نام لحنی از باربد.
۵. پرویز: خسرو دوم. پادشاه ساسانی (۳۶۶- ۵۹۱ م) که دوره پادشاهی پر فراز و نشیبی داشته است و یادآوری شکوه و جلال دربار او برای ایرانیان اشاره ای به عظمت ایران پیش از اسلام است.
۶. باربد: نوازنده و موسیقی دان معروف دربار خسرو پرویز که گفته اند اصل او از جهرم بود.

چنان برکش آواز خنیاگری
که ناهیدِ چنگی به رقص آوری

مغنی! دف و چنگ را ساز ده
به آیین خوش نغمه آواز ده

رهی زن که صوفی به حالت رود
به مستیِّ وصلش حوالت رود

مغنی! کجایی به آواز رود
به یادآر از آن خسروانی سرود

که تا وجد را کارسازی کنم
به رقص آیم و خرقه بازی کنم

بر سر بازار جانبازان منادی می زنند

بر سرِ بازارِ جانبازان منادی[۱] می‌زنند
بشنوید ای‌ساکنانِ کویِ رندی‌بشنوید

دخترِ رز چند روزی‌هست کز ما گم‌شده‌ست
رفت تا گیرد سرِ خود هان و هان‌حاضر شوید

جامه‌ای دارد ز لعل و نیم‌تاجی از حباب
عقل‌و دانش‌برد و شد تا[۲] ایمن‌از وی‌نغَنوید[۳]

۱. منادی زدن: جار زدن
۲. تا: زنهار
۳. غنودن: خوابیدن با آرامش و آسایش

هر که آن تلخم دهد حلوا بها[۱] جانش دهم
ور بوَد پوشیده و پنهان به‌دوزخ‌در روید

دختری شبگرد، تیز و تلخ و گلرنگ است و مست
گر بیابیدش به سویِ خانهٔ حافظ برید

۱. حلوا بها: اِنعام

کلیم کاشانی، ابوطالب

؟ _۱۰٦۱ق

ابوطالب‌کلیم‌کاشانی از شاعران برجستهٔ قرن یازدهم قمری است. کلیم در همدان به دنیا آمد ولی از آنجا که در کاشان زندگی کرده، به کاشانی معروف شده است. در دورهٔ حکومت صفویه که بسیاری ازشاعران ایرانی به هند مهاجرت کردند و به دربار امیران و پادشاهان هند پیوستند، کلیم نیز از ایران به هند رفت و به دربار شاه‌جهان پادشاه هندوستان راه یافت و از او لقب ملک الشعرایی گرفت. از کلیم چند مثنوی و دیوانی که شامل قصیده های اوست باقی مانده است که هیچ کدام ارزش ادبی چندانی ندارند. بعضی از مثنوی های او تنها از این جهت که واژه های هندی بسیاری در آن ها به کار رفته، قابل توجه اند. همانند دیگر شاعران وابسته به سبک‌هندی مهارت‌او بیش از هرچیز درغزل‌سرایی خود را نشان می‌دهد. غزل های او از جمله نمونه های خوب و معتدلِ آن شاخه از سبک هندی است که در هندوستان رشد و رواج داشته است. مضمون این غزل ها بیشتر غنایی است و گاه جنبهٔ اجتماعی یا اخلاقی دارد. زبان شعر او ساده و روان است. با همان خصوصیات ویژهٔ این سبک یعنی خیالپردازی و جست و جو برای مضمون های تازه و استفادهٔ فراوان از تمثیل و تشبیه و استعاره. شعر او ازکلمات و اصطلاحات متداول در زبان محاوره سرشار است و همین خصوصیت خوانندگان شعر او را در هند، به استفاده از فرهنگ های خاص نیازمند می کند.

کلیم سال های آخر عمر خود را در کشمیر گذراند و درسال ۱۰۶۱ یا ۱۰۶۲ قمری (اواسط قرن هفدهم میلادی) در همان جا درگذشت.

پیری رسید و مستی طبع جوان گذشت...

پیری رسید و مستی طبع جوان گذشت
ضعف تن از تحمل رطل[۱] گران گذشت

وضع زمانه قابلِ دیدن دوباره نیست
رو پس نکرد هر که از این خاکدان[۲] گذشت

در راه عشق گریه متاع اثر نداشت
صد بارازکنار من این کاروان گذشت

از دستبردِ حُسنِ تو بر لشکر بهار
یک نیزه[۳] خونِ گل ز سرِ ارغوان گذشت

طبعی به هم رسان که بسازی به عالمی
یا همتی که از سر عالم توان گذشت

مضمونِ سرنوشتِ دو عالم جزین نبود
آن‌سر که‌خاک شد به‌ره،ازآسمان‌گذشت

درکیش ما تجرّد[۴] عَنقا[۵] تمام نیست
در بندِ نام ماند اگر از نشان گذشت

---

۱. رطل: پیاله شراب و رطل گران پیاله بزرگ برای نوشیدن شراب.
۲. خاکدان: محلی که آشغال و خاک و خاشاک را در آنجا می ریزند، مجازاً دنیا.
۳. نیزه: در قدیم نوعی ابزار جنگی به صورت نی یا چوبی دراز که بر سر آن آهنی نوک تیز جا داده بودند؛ واحد اندازه گیری برابر طول یک نیزه.
۴. تَجَرّد: دوری و جدایی و در اصطلاح اهل تصوف دوری از علایق دنیوی.
۵. عَنقا: مرغی افسانه ای که مظهر گوشه نشینی و نایاب بودن است. بعضی آن را با سیمرغ یکی دانسته اند.

بی دیده راه اگر نتوان رفت پس چرا
چشم‌از جهان‌چو بستی از آن می‌توان گذشت

بد نامی حیات دو روزی نبود بیش
آن هم«کلیم» با توچه گویم‌چسان گذشت:

یک روز صرف بستنِ دل شد به این و آن
روز دگر به کندن دل زین و آن گذشت

نه همین می رمد آن نوگل خندان از من...

نه همین می رَمَد آن نوگلِ خندان از من
می‌کِشد خار درین بادیه[۱] دامان از من

با من آمیزش او الفت موج است و کنار
روز و شب با من و پیوسته گریزان از من

گرچه مورم ولی آن حوصله با خود دارم
که ببخشم، بود ار[۲] مُلکِ سلیمان[۳] از من

قُمریِ ریخته بالم به پناهِ که روم
تا به کی‌سرکشی سروِ خرامان از من

۱. بادیه: سرزمین بی آب و علف؛ بیابان؛ صحرا
۲. ار: اگر
۳. اشاره است به مباحثهٔ پادشاه مورچگان با سلیمان پادشاه عبرانیان که در پایان آن مورچه پای ملخی را به سلیمان هدیه داد و همهٔ لشکریان سلیمان از آن سیر شدند.

به تکلم به خموشی به تبسم به نگاه
می‌توان بُرد به هر شیوه دل آسان از من

نیست پرهیز من از زُهد که خاکم بر سر
ترسم آلوده شود دامنِ عصیان از من

اشک بیهوده مریز اینهمه ازدیده «کلیم!»
گردِ غم را نتوان شست به طوفان از من

صائب‌تبریزی، میرزا محمدعلی

۱۰۱۶ ـ ۱۰۸۱ ق

میرزامحمدعلی صائب تبریزی درحدود سال۱۰۱۶ قمری درتبریز و به قولی دراصفهان به دنیا آمد. پدرش از بازرگانانی بود که به امر شاه عباس اول صفوی از تبریز به این‌شهر کوچ کرده بودند. صائب در دوران جوانی مورد توجه شاه عباس اول بود. بعد از مرگ او سفری به هند رفت و چند سالی را در دربار شاه جهان پادشاه معروف سلسلهٔ تیموریان هند گذراند. بعد از بازگشت به‌اصفهان شاه عباس دوم صفوی به او لقب ملک‌الشعرایی داد. اما در دربار پادشاه بعدی یعنی‌شاه سلیمان ارج و قربی نیافت و در خانهٔ خود منزوی شد. صائب در سال ۱۰۸۱ هجری قمری(اواخر قرن هفدهم میلادی) در اصفهان درگذشت. آرامگاه او در این شهر باقیست.

دیوان صائب حاوی نزدیک به ۶۰۰۰۰ بیت و قسمت عمدهٔ آن غزل‌است. از او چند غزل و نیز چند اثر منثور به زبان ترکی باقی مانده‌است.

صائب برجسته ترین شاعر وابسته به شاخهٔ ایرانیِ سبک معروف به سبک هندی است و شعر او نمونهٔ متعادلی‌است از این سبک. غزل‌های او کمتر عاشقانه و بیشتر اخلاقی و تعلیمی‌است و همانند بیشتر شاعران این سبک، اغلب ترکیبی‌است از بیت‌هایی مستقل با مضمون‌هایی متفاوت. شاعر کوشیده‌است با تفکر در مورد حقایق اخلاقی یا عرفانی یا اجتماعی، نظیر و تمثیلی در میان اشیاء و اجزای طبیعت برای آن‌ها بیابد و با کمک‌گرفتن از قوهٔ تخیل خود مضمونی در مورد آن‌ها ابداع‌کند و آن مضمون نویافته را در کلامی فشرده (که از یک بیت تجاوز نمی‌کند) بیان‌کند. همین ایجاز و فشردگی باعث‌شده تا بسیاری از بیت‌های صائب به صورت ضرب‌المثل در میان مردم رایج شود. زبان صائب نزدیک به زبان محاوره و سرشار از اصطلاحات برگرفته از زبان مردم‌است.

شعر صائب در دوران حیات او در ایران و عثمانی(ترکیه‌امروز) و هندوستان شهرت و رواج بسیار داشت. شیوهٔ او در شعر شاعران اردو زبان هند و پاکستان ادامه یافته‌است.

نتوان به خواب کرد مسخّر خیال را

نتوان به خواب کرد مسخّر خیال را
جز پیچ و تاب نیست کمند این غزال را

از گلشنی که سرو تو دامن کشان رَوَد
بی طاقتی ز ریشه بر آرد نهال را

دَه در شود گشاده، شود بسته چون دری
انگشت، ترجمان زبان است لال را

در مُلک خویش رخنه فکندن ز عقل نیست
زنهار بسته دار زبان سؤال را

«صائب» کشید سر به گریبان نیستی
تسخیر کرد مملکت بی زوال را

یاد ایامی که با هم آشنا بودیم ما

یاد ایامی که با هم آشنا بودیم ما
هم خیال و هم صفیر و هم نوا بودیم ما

معنی یک بیت بودیم از طریق اتحاد
چون دو مصرع، گر چه در ظاهر جدا بودیم ما

بود دایم چون زبان خامه[۱] حرف ما یکی
گرچه پیش چشمِ صورت‌بین دو تا بودیم‌ما

چون‌دوبرگ‌سبز کز یک‌دانه‌سر بیرون کند
یکدل و یکروی در نشو و نما بودیم‌ما

می‌چرانیدیم‌چون‌شبنم‌ز یک گلزار چشم
از نوا سنجانِ یک بستان‌سرا بودیم‌ما

بود راه فکر ما در عالم معنی یکی
چون‌دو دست‌از آشنایی‌یکصدا بودیم‌ما

دوری منزل حجاب اتحاد ما نبود
داشتیم‌از هم‌خبر در هر کجا بودیم‌ما

اختر ما سعد بود و روزگار ما سعید
از سعادت‌زیر بال‌یک‌هما[۲] بودیم‌ما

چاره‌جویان‌را نمی‌دادیم «صائب» دردِسر
دردهای کهنهٔ هم را دوا بودیم ما

۱. خامه: قلم
۲. هما: پرنده ای با جثه ای نسبتاً درشت از خانواده لاشخورها، دارای بال های بلند، دم بلند لوزی شکل به رنگ خاکستری و یک دسته مو در زیر منقار، بنا به اعتقاد قدما سایه اش بر سر هرکس بیفتد، به سعادت می رسد.

در آتشم زِ دیدهٔ شوخ ستاره‌ها

در آتشم زِ دیدهٔ شوخ ستاره‌ها
در هیچ خرمنی نفتد این شراره‌ها

خالی شده‌ست از دلِ آگاه، مَهدِ خاک
عیسی دمی نمانده درین گاهواره‌ها

پهلو ز کارِ عشق تهی می‌کنند[1] خلق
جای ترحم است برین هیچ‌کاره‌ها

جز حرفِ پوچ قسمتِ زاهد ز عشق نیست
کف باشد از محیط[2]، نصیب کناره‌ها

پَستی دلیلِ قُرب بود در طریقِ عشق
اینجا پیاده پیش بود از سواره‌ها

صحبت غنیمت است، به هم چون رسیده‌ایم
تا کی دگر به هم رسد این تخته‌پاره‌ها

در حُسنِ بی‌تکلّف معنی نظاره کن
از ره مرو به خال و خط استعاره‌ها

«صائب»! نظر سیاه نسازد به هر کتاب
فهمیده است هر که زبان اشاره‌ها

---

۱. پهلو تهی کردن: دوری کردن
۲. محیط: دریای محیط، در باور قدما دریای پهناوری که خشکی‌های زمین را احاطه کرده است، دریا.

از کوچه‌ای که آن گل بی خار بگذرد

از کوچه‌ای که آن گل بی‌خار بگذرد
موج لطافت از در و دیوار بگذرد

تا حشر[۱] جای سبزه بر آید زبان شُکر
از هر زمین که سرو تو یک‌بار بگذرد

چنداز خیال گنج؟ که خاکش به فرق باد
عمرم به تلخی از دهن مار بگذرد

ای کار ساز خلق به فریاد من برس
زان پیشتر که کار من از کار بگذرد

از سر گذشته‌اند کریمان و این زمان
کو سر گذشته‌ای که ز دستار بگذرد

خاری است خار عشق که بی‌دست و پا شود
آتش اگر ز سایهٔ آن خار بگذرد

قطع نظر[۲] ز نعمت فردوس مشکل است
«صائب» چه‌سان ز لذت دیدار بگذرد

وصال با منِ خونین جگر چه خواهد کرد؟...

وصال با من خونین جگر چه خواهد کرد
به تلخ کامی دریا شکر چه خواهد کرد؟

۱. حشر: قیامت
۲. قطع نظر: صرف نظر کردن

از آن فسرده‌ترم کز ملامت اندیشم
به‌خون‌مردهٔ‌من نیشتر چه‌خواهد کرد؟

منم که پای به دامن کشیده‌ام چون کوه
دراز دستی[۱] موج‌خطر چه‌خواهد کرد؟

چه صرفه می‌بَرَد از انتقام من دوزخ؟
به‌دامن ترِ من یک‌شرر چه‌خواهد کرد؟

مرا ز یاد تو بُرد و تو را ز دیدهٔ من
ستم‌زمانه‌از این‌بیشتر چه‌خواهد کرد؟

ز خشک‌سال‌نگردد دهان‌گوهر خشک
فلک‌به‌مردم‌روشن گهر چه‌خواهد کرد؟

خوش‌آن‌گروه که مست بیان یکدگرند *

خوش‌آن‌گروه که‌مستِ بیان‌یکدگرند
ز جوشِ فکر می ارغوان‌یکدگرند

نمی‌زنند به‌سنگِ شکستِ گوهرِ هم
پی رواجِ متاعِ دکانِ یکدگرند

در آمدم‌چو به‌مجلس، سپند جای‌نمود
ستارهٔ سوختگان قدردانِ یکدگرند

۱. دراز دستی: متجاوز بودن
* ظاهرا صایب در این غزل اشاره دارد به محفل شاعران که در دورهٔ او به خصوص در قهوه خانه های اصفهان تشکیل می شد و در ان شاعران در محیطی دوستانه شعر های خود را می خواندند ؛ نوعی انجمن ادبی .

زنند بر سر هم گُل ز مصرعِ رنگین
ز فکرِ تازه گلِ بوستان یکدگرند

حباب‌وار ندارند چشم بر کوثر[۱]
ز شعرهای تر آبِ روان یکدگرند

ز خوان رزق به یک رنگ چشم دوخته‌اند
چو داغ لاله، به خون میهمانِ یکدگرند

چه‌احتیاج به گلزار، غنچه چینان را
که‌از گشادِ جبین گلستان یکدگرند

فتادگان به فلک سر فرو نمی‌آرند
که از بلندی طبع، آسمان یکدگرند

به‌غیر صائب و معصومِ[۲] نکته‌سنج و کلیم[۳]
دگر که ز اهلِ سخن، مهربان یکدگرند؟

آمد بهار و خلق به گلزار می روند...

آمد بهار و خلق به گلزار می‌روند
دیوانگان به دامن کهسار می‌روند

گل‌ها که‌دوش رخ ننمودند از حجاب
امروز دسته دسته به بازار می‌روند

۱. کوثر: چشمه ای در بهشت
۲. معصوم: میرمعصوم همدانی (متوفی ۱۰۵۲ ق) از شاعران فارسی زبان هند
۳. کلیم کاشانی یا همدانی (متوفی ۱۰۶۱ ق): شاعر معاصر صائب که مقیم هند بود.

دریاب فیض صحبت روحانیان که زود
چون بوی گل ز سینهٔ گلزار می‌روند

آن‌ها که می‌شدند به‌شبگیر[۱] سوی کار
پیش‌از سحر به‌بوی گل‌از کار می‌روند

از آه عندلیب محابا نمی‌کنند
این غنچه‌ها که‌در بغل خار می‌روند؟

زین پیشتر متاع سخن رایگان نبود...

زین پیشتر متاع سخن رایگان نبود
گردِ کسادی از پی این کاروان نبود

شعر بلند پا به سر عرش[۲] می‌نهاد
خورشیدِ پایمال به هر آستان نبود

منقار بلبلان به شکر خنده باز بود
دشنام تلخ بر دهن باغبان نبود

نازک‌شده‌ست خاطر گل، ورنه پیش‌از این
در گوش باغ، نغمهٔ بلبل گران نبود

نام سرشک می‌بَرَد و آه می‌کشد
چشمی که بی‌بدیههٔ[۳] اشک روان نبود

۱. شبگیر: صبح بسیار زود، سحرگاه
۲. عرش: آسمان
۳. بی بدیهه: بدون اندیشه سخن گفتن یا شعر گفتن. بدیهه اشک: اشک بی اختیار

رندانه کرد عقل که از بزم زود رفت
مسکین، حریف شیشهٔ آتش‌زبان[۱] نبود

صائب چه خوب کرد کزین ناکسان بُرید
سوداگر قلمرو سود و زیان نبود

ما مرکب ازین رخنه جهاندیم و گذشتیم ... *

ما مرکب ازین رخنه جهاندیم و گذشتیم
خاکی به لب گور فشاندیم و گذشتیم

گر قسمت ما باده و گر خونِ جگر شد
ما نوبت خود را گذراندیم و گذشتیم

چون سایهٔ مرغان هوا، در سفر خاک
آزار به موری نرساندیم و گذشتیم

صد تلخ چشیدیم زهر بی‌مزه، صائب!
تلخی به حریفان نچشاندیم و گذشتیم

۱. شیشه آتش زبان: شیشه می
* این غزل بر سنگ گور صایب حک شده است.

چند تک‌بیت

که گذشته‌ست از این بادیه دیگر کامروز   نبض ره می‌تپد و سینهٔ صحرا گرم است؟

***

یک عمر می‌توان سخن از زلف یار گفت   در بند این مباش که مضمون نمانده‌است

***

سر زلف تو نباشد سر زلف دگری   از برای دل ما قحط پریشانی نیست

***

دلم به پاکی دامان غنچه می‌سوزد   که بلبلان همه مستند و باغبان تنها

***

دزدی بوسه عجب دزدی پر منفعتی‌است   که اگر باز ستانند دو چندان گردد

***

تو هم در آینه حیران حسنِ خویشتنی   زمانه‌ای‌است که هر کس به خود گرفتار است

***

بوی گل و باد سحری بر سر راهند   گر می‌روی از خود، به از این قافله‌ای نیست

***

می‌توان پوشید چشم از هر چه می‌آید به چشم   آنچه نتوان چشم از آن پوشید بیداری بود

بیدل دهلوی، میرزا عبدالقادر

١٠٥٤_١١٣٣ ق

میرزاعبدالقادر بیدل دهلوی (عظیم آبادی) در سال ۱۰۵۴ قمری در عظیم آباد ِ پُتنه (هندوستان) به دنیا آمد. در اوایل جوانی در دربار یکی ازپسران اورنگ زیب، پادشاه هند، مقامی نظامی داشت، اما هنگامی که شاهزاده از بیدل خواست که قصیده ای در مد ح او بگوید، به کلی از دربار کناره گرفت، به تصوف رو آورد و از آن پس درشاه‌جهان آباد (هندوستان) مقیم شد و درسال ۱۱۳۳ قمری (اوایل قرن هجدهم میلادی) در دهلی درگذشت.

بیدل درغزل‌های‌خود اغلب از وزن‌های بلند وخوشاهنگ که کمتر به کار رفته‌اند و همچنین از ردیف‌های دشوار استفاده می کند. زبان شعر او نیز با تر کیب های تازه ای مشخص می شود که بیدل با ساختن آن ها سعی می‌کند بین مفاهیم دور از ذهن ارتباطی برقرارکند و در مجموعۀ فشرده ای از دو یا سه کلمه این ارتباط را به خواننده انتقال دهد، اما معمولا آنچه به دست می دهد، شعر او را به معما نزدیک می کند و دستیابی به معنی مقصود را دشوارمی سازد. فراوانی تصویرهای پارادوکسی و توجه بسیار به حس‌آمیزی از دیگر مشخصه های شعر بیدل است. شعر او نمونۀ افراطی آن شاخه از شعر سبک هندی است که درهندوستان رشد و رواج یافتو با مبالغه درخیال پردازی و به کارگیری تشبیه ها و استعاره‌های پیچیده و دور از ذهن و اغلب با ضعف و نارسایی کلام مشخص می شود.

بیدل درافغانستان و تاجیکستان و هندو پاکستان به خصوص در بین اهل تصوف، بیشتر از ایران شناخته شده و مورد توجه است. در این کشورها هنوز هم مجالس معروف به « بیدل خوانی » برقرار می شود. گاه گاه نیزمراسم بزرگداشتی برای او برگزارمی‌کنند که «عُرس» نامیده می شود. عُرس دراصل به معنی مهمانی است و دراصطلاح اهل تصوف به مهمانی‌هایی گفته می شود که به مناسبت مرگ یا سالگرد مرگ بزرگان صوفیه بر پا می کنند و همراه با سماع و اجرای موسیقی است.

مجموعۀ آثار منظوم بیدل (شاملِ غزل ها، قصیده ها و مثنوی ها) همراه با آثار منثور او بارها در افغانستان و هند چاپ شده. در ایران برگزیده‌ای از غزل ها و رباعی‌های او همراه با تحلیل دقیقی از شعرهای او در کتاب « شاعر آینه ها » به وسیله دکتر محمد رضا شفیعی کدکنی منتشر شده است.

امروز نو بهار است، ساغر کشان بیایید

امروز نوبهار است ساغرکشان بیایید
گل، جوشِ باده دارد تا گلستان بیایید

آغوش آرزوها از خود تهی‌ست اینجا
در قالبِ تمنا، خوشتر ز جان بیایید

جز شوق راهبر نیست، اندیشهٔ خطر نیست
خاری درین گذر نیست، دامن کشان بیایید

فرصت شرر نقابست[۱]، هنگامهٔ شتابست
گل، پای درر کابست، مطلق عنان[۲] بیایید

امروز آمدن ها چندین بهار دارد
فردا کراست‌امید تا خودچسان بیایید

ای طالبان عشرت ! دیگر کجاست فرصت
مفت است فیضِ صحبت گر این زمان بیایید

بیدل به هر تب و تاب ممنونِ التفاتی ست
نامهربان بیایید یا مهربان بیایید

۱. شرر: پاره ای ازآتش که به هوا می پرد ؛ جرقه. فرصت شرر نقاب است: فرصت(زمان) مثل جرقه عمری کوتاه دارد.
۲. مطلق: آزاد از هر قید و بند، عِنان : افسارو مهار. مطلق عِنان : افسارگسیخته.

تو کریم مطلق و من گدا، چکنی جز اینکه نخوانیم

توکریم مطلق‌و من گدا، چکنی جز این که نخوانیم
درِ دیگری بنما که من، به کجا روم چو برانیم

کسی از محیطِ[1] عدم کران، چه ز قطره واطلبد نشان
ز خودم نبرده ای آنچنان که دگر به خود نرسانیم

نه به نقش بسته مشوشّم، نه به حرف ساخته سرخوشم
نفسی به یاد تو می کشم چه عبارت و چه معانیم

همه‌عمر، هرزه دویده‌ام، خجلم کنون که خمیده‌ام
من اگر به حلقه[2] تنیده ام تو برونِ در ننشانیم

صبح شو ای شب! که خورشید من اکنون می رسد

صبح‌شو ای‌شب!که‌خورشیدِ من‌اکنون می رسد
عیدِ مردم گو برو، عید من اکنون می رسد

بعد از اینم بی‌دِماغ یأس نتوان زیستن
دستگاهِ عیشِ جاویدِ من اکنون می رسد

می‌روم در سایه‌اش بنشینم‌و ساغرکشم
نونهال باغِ امید من اکنون می رسد

---

۱. محیط: دریای محیط در باور قدما دریای پهناوری که خشکی های زمین را احاطه کرده است ؛ دریا
۲. حلقه: کوبه ؛ وسیله ای فلزی که بر صفحه ای فلزی قرار دارد و برای در زدن و آگاه کردن ساکنان خانه به کار می رود.

آرزو خواهد کلاهِ ناز بر گردون فکند
جام‌می‌در دست،جمشید من‌اکنون می رسد

رفع خواهد گشت بیدل! شبههٔ وهمِ دویی[۱]
صاحبِ اسرارِ توحیدِ من اکنون می رسد

چنین کُشتهٔ حسرتِ کیستم من؟

چنین کشتهٔ حسرتِ کیستم من
که‌چون‌آتش، ازسوختن‌زیستم من

نه شادم نه محزون، نه خاکم نه گردون
نه لفظم نه مضمون چه معنیستم من؟

اگر فانیم‌چیست این شورِهستی
وگر باقیم از چه فانیستم من

بناز ای تخیل! ببال ای توهّم!
که هستی گمان دارم و نیستم من

بخندید ای قدردانانِ فرصت!
که یک خنده[۲] بر خویش نگریستم من

---

۱. دویی : دو گانگی
۲. یک خنده: زمان کوتاهی به اندازه یک خنده.

در این غمکده کس ممیراد یارب!
به مرگی که بی دوستان زیستم من

جهان گو به سامانِ هستی بنازد
کمالم همین بس که من نیستم من

امروز نسیمِ یار من می آید ...

امروز نسیم یارِ من می آید — بوی گل انتظارِ من می آید
وقت‌است ازآن جلوه‌به‌رنگی‌برسم — آیینه‌ام و بهارِ من می آید

صد بست و گشاد با هم آمیخته اند ...

صد بست‌وگشاد[1] با هم آمیخته‌اند — تا رنگِ بنای این‌جهان ریخته‌اند
دلتنگ مباشید که مانندِ هلال — پیشِ هر در، کلیدی آویخته‌اند

زان پیش که گردم آشنای زنجیر...

زان‌پیش که گردم‌آشنای‌زنجیر — آزادگیم داشت هوای زنجیر
گفتند حدیثی از خمِ گیسویی — کردند اسیرم به صدای زنجیر

---

۱. بست و گشاد: دشواری وگشایش ؛ دشواری و راه رفع آن.

کلکِ هَوسِ تو هر چه زاید، بنویس ...

کلکِ[۱] هَوسِ توهرچه‌زاید، بنویس   از نقطه و خط آنچه نماید، بنویس
دارد این دشت و دَر[۲] سیاهی بسیار   هرچیز که در خیالت آید، بنویس

---

۱. کلک: قلم
۲. در: درّه: فرو رفتگی معمولا طویلی در بین دو کوه.

قاآنی شیرازی، میرزا حبیب الله

۱۲۲۳_ ۱۲۷۰ق

میرزا حبیب قاآنی شیرازی در سال ۱۲۲۳ قمری در شیراز متولد شد. در کودکی پدر خود را از دست داد و با آنکه یتیم و تنگدست بود، در شیراز و سپس در اصفهان به آموختن علوم ادبی و معارف اسلامی پرداخت. در نوجوانی به دربار یکی از شاهزادگان قاجار راه یافت و با حمایت او به تحصیلات خود ادامه داد و پس ازسفرهای بسیار، سرانجام به دربار محمد شاه و جانشینش ناصرالدین شاه پیوست و در زمرهٔ شاعران مدیحه سرای او در آمد.

قاآنی ازجمله شاعران دورهٔ بازگشت است و همانند بیشتر آن ها، شعرهای خود را به تقلید از شاعران دورهٔ غزنوی سروده و از میان آن شاعران بیش از همه به منوچهری توجه دارد. آنچه تا اندازهٔ زیادی شعر او را از دیگر شاعران این دوره متمایز می کند، وزن های ضربی و پرطنطنه ای است که به کار می برد و کلمات آهنگین و رقصانی است که در قالب این وزن ها می‌ریزد. از این جهت شعر او بیشتر برای کسانی جذابیت دارد،که در شعر بیش از هر چیز از موسیقی وزن و کلمات خوشاهنگ لذت می برند. شیفتگی او نسبت به این نوع وزن ها و کلمات و اصرار در استفاده ازآن ها، اغلب خطاهای آشکاری در شعر او پیش آورده و کلماتی مهجور و نا آشنا را به شعر او راه داده است. مضمون شعرهای او مدح و تملق گویی از پادشاه و بزرگان دربار است که آن ها را در قصیده‌هایی که اغلب با وصف طبیعت شروع می شود، به شکلی بسیار مبالغه آمیز عرضه می‌کند. همین افراط او در مداحی و چاپلوسی باعث شد که در دورهٔ صدارت امیر کبیر به دستور او مستمری قاآنی قطع شود.

قاآنی در سرودن غزل چندان توانا نبود و دیوان او که حاوی حد ود ۲۲ ۰۰۰ بیت است، بیشتر شامل قصیده های مدحی و همچنین مسمط هایی است که اغلب در همان وزن های ضربیِ قصیده ها سروده است. هجویه های او نیز که بیشتر جنبهٔ شخصی دارد، به سبب لحن زننده وافراط در به کار بردن کلمات مستهجن، چندان درخور توجه نیستند. از قاآنی کتابی هم به نام «پریشان» باقی مانده که به تقلید از گلستان سعدی نوشته شده، اما چه از لحاظ ارزش ادبی و چه از نظر ارایهٔ دستورهای اخلاقی قابل مقایسه با اثر سعدی نیست.

قاآنی در سال ۱۲۷۰ قمری (اواسط قرن نوزدهم میلادی) در تهران درگذشت.

نسیم خلد می وزد مگر ز جویبارها

نسیمِ خُلد[۱] می وزد مگر ز جویبارها
که بوی مشک می‌دهد هوای مرغزارها

فراز خاک و خشت ها، دمیده سبز کِشت ها
چه کِشت‌ها، بهشت‌ها، نه ده، نه صد، هزارها

به چنگ بسته‌چنگ‌ها، به نای‌هشته رنگ ها
چکاو[۲] ها، کلنگ[۳] ها، تذرو[۴]ها ، هزار[۵]ها

زنای‌خویش‌فاخته،دوصد اصول[۶] ساخته
ترانه ها نواخته ، چو زیر و بمّ تارها

ز خاک رُسته لاله ها چو بُسّدین[۷] پیاله ها
به برگ لاله ژاله ها چو در شفق ستاره ها

فکنده اند همهمه ، کشیده اند زمزمه
به‌شاخ سرو بُن‌همه، چه کبک‌ها،چه‌سارها

---

۱ . خُلد: بهشت
۲ . چکاو: چکاوک پرنده ای خوش آواز کمی بزرگتر از گنجشک که تاجی از پر بر سر دارد.
۳ . کلنگ: درنا
۴ . تذرو: قرقاول
۵ . هِزار یا هَزار: هزار دستان ؛ هزار آوا ؛ بلبل.
۶ . اصول: هفده آواز اصلی در موسیقی ایرانی
۷ . بُسّدین: به رنگ یا از جنس بُسّد (مرجان)؛ سرخ رنگ

نسیمِ روضهٔ اِرَم[۱]، جهد به مغز دمبدم
ز بس دمیده پیشِ هم، به طرفِ جویبارها

بهارها، بنفشه ها، شقیق[۲] ها، شکوفه ها
شمامه[۳]ها، خجسته[۴]ها، اَراک[۵]ها، عرار[۶]ها ...

پیر کی لال سحرگاه به طفلی الکن...

(گفت و گوی پیر و طفل)

پیر کی لال سحرگاه به طفلی اَلکَن
می‌شنیدم که بدین‌نوع همی‌راند سخن

کای ز زُلفت صُصُصُبحَم شاشاشامِ تاریک
وای زچهرت شاشاشامم صُصُصُبحِ روشن

تَتَتریاکی ام و بی شَشَشَهدِ لَلَبَت
صَصَصَبر و تا تا تابم رَرَرَفت از تَتَتَن

طفل گفتا مَمَمَن را تُتُو تقلید مکن
گُگُگُم شو ز بَرَم ای کَکَکَمتر از زن

میمیخواهی مُمُمُشتی به کَکَکَلّت بزنم؟
که بیفتد مَمَمَغزت مِمِیانِ دَدَهَن ؟

۱. روضه: باغ؛ بستان و اِرم نام باغی که شدّاد ساخته بود و مثال سرسبزی و خرمی است.
۲. شقیق: شقایق
۳. شَمامه یا شَمّامه: دستنبو که میوه ای است کوچک و کروی شکل و معطر شبیه گرمک.
۴. خجسته: همیشه بهار
۵. آراک: درخت مسواک، درختچه ای با گل های خوشه ای سفید که در گذشته از ریشهٔ آن مسواک تهیه می شد.
۶. عرار(عراره): گلی زرد رنگ از خانوادهٔ همیشه بهار.

پیر گفتا وَوَوَالله که معلومست این
ککِهِ زادم مَنِ بیچاره زمادر اَلکَن

هَهَهَفتاد وهَهَشتاد و سه سال است فُزون
گُگُگُنگ ولالالالم ، بِه خخَلّاق [1] زَمَن [2]!

طفل گفتا خُخُدارا صَصَصد بار شُشُشُکر
که بِرَستم به جهان از مَمَلال وممِحَن [3]

مَمَمَن هم گُگُگُنگم مممِثلِ تُتُتو
تُتُتو هم گُگُگُنگی مممِثلِ مَمَمَن

۱. خلاق: آفریننده
۲. زَمَن: زمان، خَلّاقِ زَمَن : خداوند
۳. مِحَن: محنت ها ؛ رنج ها

یغمای جندقی، میرزا رحیم (ابوالحسن)

۱۱۹۶_۱۲۷۶ق

میرزا ابوالحسن‌یغمای‌جندقی از شاعران دورهٔ بازگشت در سال ۱۱۹۶ قمری در دهکدهٔ خور بیابانکِ جندق (آبادی کوچکی در وسط کویر لوت) به دنیا آمد. در کودکی مورد توجه یکی از خان های محلی قرار گرفت که او را به فرزندی پذیرفت و وسایل تحصیل او را فراهم آورد. یغما در دورهٔ جوانی منشی پدرخواندهٔ خود شد و نخستین شعرهای خود را با تخلص «مجنون» سرود. بعدها به دنبال حوادثی که در زندگی او پیش آمد، به تصوف رو آورد و تخلص« یغما » را برای خود برگزید و پس از سفرها و در به دری های بسیار سرانجام به تهران رسید و مورد توجه محمدشاه و وزیرش که به تصوف گرایش داشت، قرار گرفت و مقامی به دست آورد. زندگی یغما در اواخر عمر باز هم دستخوش تغییرات و آشفتگی هایی شد. ناچار به زادگاه خود برگشت و در سال ۱۲۷۶ قمری (اواخر قرن نوزدهم میلادی) در همانجا درگذشت.

بیشترین شعرهایی که از یغما به جا مانده غزل های اوست که همانند اغلب شاعران دورهٔ بازگشت به تقلید از شاعران دوره‌های گذشته سروده شده. اما آنچه چهرهٔ یغما را در میان شاعران آن دوره مشخص می کند، شعرهای هزل آمیز و هجویه های اوست که بیشتر در قالب مثنوی سروده شده. این هجویه ها که زبانی بسیار بی‌پرده و رکیک دارد هر چند بسیار شخصی و برخاسته از خشم او نسبت به کسانی است که با آن ها سر و کار داشته است، از فساد جامعهٔ آن دوره و نیز روحیهٔ اعتراض یغما خبر می دهد.

یغما همچنین به سبب مرثیه ها و نوحه‌هایی که برای مراسم مذهبی سروده است، شهرت یافته است. بعدها بسیاری از شاعران دوره مشروطیت از شکل نوحه‌های او برای سرودن شعرهای خود بهره گرفتند.

نگاه کن که نریزد دهی چو باده به دستم

نگاه کن[۱] که نریزد دهی چو باده به دستم
فدای چشم توساقی، به هوش باش که مستم

کنم مصالحه یکسر، به صالحان می کوثر
به شرط آنکه نگیرند این پیاله ز دستم

ز سنگ حادثه تا ساغرم درست بماند
به وجهِ[۲] خیر[۳] و تصدّق[۴] هزار توبه شکستم

چنین که سجده بَرَم بی حفاظ[۵] پیش جمالت
به عالمی شده روشن که آفتاب پرستم

کمندِ زلف بتی گردنم ببست به مویی
چنان کشید که زنجیر صد علاقه گسستم

نه شیخ می دهدم توبه و نه پیر مغان[۶] می
ز بسکه توبه نمودم، ز بسکه توبه شکستم

۱. نگاه کن (نگاه کردن): توجه کردن ؛ مواظب بودن
۲. به وجهِ: به طریقِ
۳. خیر: احسان
۴. تصدّق: صَدَقه؛ بلاگردان
۵. بی حفاظ: آنچه اطراف آن را دیوار یا نرده ای نگرفته باشد؛ مجازاً بی پرده ؛ آشکار .
۶. پیرِ مُغان: بزرگِ مُغان؛ عالمِ روحانی دین زرتشتی؛ مجازاً پیرِ میفروش و در ادبیات عرفانی: مرشد.

ز گریه آخرم این شد نتیجه در پی زلفش
که در میانِ دو دریای خون فتاده نشستم

ز قامتش چو گرفتم قیاسِ روزِ قیامت
نشست و گفت: قیامت به قامتی است که هستم

حرام گشت به «یغما» بهشت روی تو روزی
که دل به گندمِ آدم فریبِ خالِ تو بستم

در خانهٔ دزد آتشی افتاد، شنیدم

در خانهٔ دزد آتشی افتاد، شنیدم
زان گونه که از آتش حسرت جگرم سوخت

رفتم که از او واقعه تحقیق نمایم
زد نالهٔ گرمی که ز پا تا به سرم سوخت

گفت: آه در او فرش و مس و ظرف و زر و سیم
با جمله بد و نیکِ متاعِ[1] دگرم سوخت

زانجا شرر افتاد به خلوتگهِ خوابم
مَندیل[2] و رَدا[3]، خرقه[4] و شالِ[1] کمرم سوخت

۱. متاع: آنچه قابل عرضه و خرید و فروش باشد؛ کالا
۲. مَندیل یا مِندیل: عمّامه
۳. رِدا یا رَدا: لباس بلند جلو باز و بی دکمه
۴. خرقه: لباس بلند با آستر پوستی

این ها همه سهل است کز آن شعلهٔ سرکش
ران خود و پای زن و دست پسرم سوخت

از خانه، پس آن شعله در آمد به طویله
افسار و جُوال[۲] و جُل[۳] و پالانِ خرم سوخت

گفتم: چو چنین است مده زحمتِ اطناب[۴]
بند یقه بگشا و بفرما پدرم سوخت!

می رسد خشک لب از شط فرات اکبرِ من ...

(بخشی از یک نوحه)

می رسد خشک لب از شط فرات اکبر من
نوجوان اکبر من
سَیَلانی بکن ای چشمهٔ چشم تر من
نوجوان اکبر من
کسوت[۵] عمر تو تا این خُمِ فیروزهِ نمون[۶]
لعلی[۷] آورده به خون
گیتی از نیل[۸] عزا ساخت سیه مِعجرِ[۹] من

---

۱. شال: نوعی پوشش به شکل مستطیل یا مثلث از جنس پشم، ابریشم و مانند آن ها که بر دور سر، گردن، شانه یا کمر می بندند.
۲. جُوال یا جَوال: کیسه یا گونی نسبتا بزرگ پشمی و خشن
۳. جُل: پوشش چارپایان
۴. اِطناب: پرگویی؛ زیاده گویی
۵. کِسوت: لباس، جامه
۶. فیروزه نمون: نشان دهندهٔ رنگ فیروزه؛ فیروزه ای رنگ. خُمِ فیروزه نمون کنایه از آسمان است.
۷. لعلی: سرخ رنگ؛ به رنگ لعل که سنگی است قیمتی که بیشتر سرخ رنگ است.
۸. نیل: ماده ای گیاهی و آبی رنگ که در نقاشی و رنگرزی به کار می رود و رنگ حاصل از آن نیلی یا آبی سیر است. لباس نیلی رنگ نشانهٔ عزاداری است.
۹. مِعجَر: روسری؛ چارقد

نوجوان اکبر من

تا ابد داغ تو ای زادهٔ آزاده نهاد

نتوان برد زیاد

از ازل کاش نمی زاد مرا مادر من

نوجوان اکبر من

***

شکوه از چرخ ستمگر چکنم گر نکنم

چه کنم گر نکنم

گله از گردش اختر چه کنم گر نکنم

چه کنم گر نکنم

غم عبا س بلاکش چه کشم گر نکشم

چه کشم گر نکشم

ناله بر حسرت اکبر چه کنم گر نکنم

چه کنم گر نکنم

رنج ناکامی قاسم چه برم گر نبرم

چه برم گر نبرم

یاد محرومی اصغر چه کنم گر نکنم

چه کنم گر نکنم ...

فهرست منابع

آرین پور، یحیی: ازصبا تا نیما (تاریخ ۱۵۰ سال ادب فارسی). تهران ،کتابهای جیبی، ۱۳۵۷،

استعلامی، محمد: درس حافظ ، نقد و شرح غزل های خواجه شمس الدین محمد حافظ ، تهران، سخن ، ۱۳۸۲

تفضلی، احمد: تاریخ ادبیات ایران پیش از اسلام ، به کوشش ژاله آموزگار ، تهران، سخن ، ۱۳۷۶

حافظ ، شمس الدین محمد: دیوان حافظ، خواجه شمس الدین محمد، به تصحیح و توضیح پرویز ناتل خانلری، چاپ دوم با

تجدیدنظر . تهران ، خوارزمی ۱۳۶۲

حافظ ، شمس الدین محمد: حافظ به سعی سایه ، تهران ، توس و چشم و چراغ ، ۱۳۷۲،

خرمشاهی ، بهاء الدین: حافظ ، تهران ، طرح نو ،۱۳۷۳(بنیانگذاران فرهنگ امروز، ویژۀ فرهنگ ایران و اسلام)

خاقانی ، افضل الدین بدیل بن علی نجار خاقانی شروانی، تصحیح و مقدمه و تعلیقات ضیاء الدین سجادی، تهران ، زوار ، ۱۳۳۷،

ریاحی ، محمد امین: فردوسی (زندگی ، اندیشه و شعر او) تهران ، طرح نو ، ۱۳۷۵ . (بنیانگذاران فرهنگ امروز ایران ، ویژۀ

فرهنگ ایران و اسلام)

سعدی ، مصلح بن عبدالله: کلیات سعدی، به اهتمام محمد علی فروغی ، به تصحیح بهاء الدین خرمشاهی ، تهران ، امیر کبیر ،

۱۳۵۶

_____ غزل های سعدی، تصحیح و توضیح غلامحسین یوسفی، تهران ، سخن ، ۱۳۸۵

شبلی نعمانی : شعر العجم یا تاریخ شعرا و ادبیات ایران ، ترجمه محمد تقی فخرداعی ، جلد سوم ، تهران (بی نا) ۱۳۳۴

شفیعی کدکنی ، محمد رضا : این کیمیای هستی [در کتاب موسیقی شعر] تهران ، آگاه ، ۱۳۷۳

_____در اقلیم روشنایی ، تفسیر چند غزل از حکیم سنایی ،تهران ،آگاه ،۱۳۷۳

_____ تازیانه های سلوک ، نقد و تحلیل چند قصیده از حکیم سنایی ، تهران ، آگاه ، ۱۳۷۲

_____ شاعر آینه ها (بررسی سبک هندی و شعر بیدل) تهران ،آگاه ،۱۳۶۰

_____ صور خیال در شعر فارسی ،تحقیق انتقادی در تطور ایماژ های شعر پارسی و سیر نظریۀ بلاغت در

اسلام و ایران ، چاپ هفتم ، تهران ، آگه ، ۱۳۷۵

_____قلندریه در تاریخ ،دگردیسی های یک ایدئولوژی ، تهران،سخن ، ۱۳۸۶

_____ مفلس کیمیا فروش ،نقد و تحلیل شعر انوری ،تهران ،سخن ، ۱۳۷۲

صایب تبریزی، میرزا محمد علی: گزیدۀاشعار صایب تبریزی، انتخاب و شرح جعفر شعار و زین الدین مؤ تمن،تهران، بنیاد ، ۱۳۶۸

صفا ، ذبیح الله : تاریخ ادبیات در ایران ،جلد پنجم ، تهران ، فردوس ، ۱۳۶۴

__________گنج سخن ، تهران ،ققنوس، ۱۳۷۴

عطار ، فرید الدین محمد: دیوان عطار ،به اهتمام و تصحیح تقی تفضلی ، تهران ، انتشارات علمی و فرهنگی ، ۱۳۶۲

__________مختار نامه ، مجموعهٔ رباعیات ، تصحیح ومقدمه محمد رضا شفیعی کد کنی ، تهران ، توس ، ۱۳۵۸

__________منطق الطیر ، مقدمه ، تصحیح و تعلیقات محمد رضا شفیعی کدکنی ، تهران ،سخن ، ۱۳۸۳

فخرالدین اسعد گرگانی ، ویس و رامین ، تصحیح محمد جعفر محجوب ، تهران ، اندیشه ، ۱۳۳۷

فرخی سیستانی ، ابوالحسن علی بن جولوغ: سخن گستر سیستان ، گزیدهٔ اشعار فرخی سیستانی ،انتخاب و تصحیح محمد دبیر سیاقی ، تهران ،سخن ، ۱۳۷۳

فردوسی، ابوالقاسم حسن بن علی: شاهنامه، به کوشش جلال خالقی مطلق،چاپ چهارم ، تهران، دایرۂ المعارف بزرگ اسلامی ، ۱۳۹۱

مسعود سعد سلمان : دیوان، به تصحیح غلامرضا رشید یاسمی،تهران ، پیروز، ۱۳۳۹

موحد ، ضیاء : سعدی، تهران ، طرح نو ، ۱۳۷۴ (بنیانگذاران فرهنگ امروز، ویژۂ فرهنگ ایران و اسلام)

مولوی بلخی ،جلال الدین محمد : مثنوی، مقدمه و تحلیل و تصحیح محمد استعلامی،چاپ پنجم ، ۱۳۸۷

__________برگزیدهٔ غزلیات شمس ، به تصحیح محمد رضا شفیعی کدکنی ،تهران ، کتاب های جیبی ، ۱۳۵۲

میر افضلی، علی : رباعیات خیام در منابع کهن ، تهران ، مرکز نشر دانشگاهی ، ۱۳۸۲

میرزایف ، عبدالغنی : ابو عبدالله رودکی و آثار منظوم رودکی ، تاجیکستان ،۱۹۵۸

مصاحب ، غلامحسین : دایرۂ المعارف فارسی ، تهران ،فرانکلین ، ۱۳۴۵ _ ۱۳۷۴

منوچهری ، احمد بن قوص : دیوان منوچهری دامغانی ،به کوشش محمد دبیر سیاقی، تهران ، زوار ، ۱۳۷۰

ناصر خسرو قبادیانی، ابو معین ناصربن خسرو : دیوان ناصر خسرو ، تصحیح سید نصرالله تقوی، تهران ، ۱۳۳۹

نظامی گنجوی ، جمال الدین الیاس : پنج گنج ، تهران ، هرمس ، ۱۳۸۵

یوسفی ، غلامحسین : چشمهٔ روشن ، دیداری با شاعران ، تهران ، علمی ، ۱۳۷۳

با صبح دمان

برگزیده شعر فارسی معاصر
(از مشروطیت تا انقلاب)

میمنت میرصادقی (ذوالقدر)

روزی، روزگاری ...

هفت قصه ی عامیانه ی فارسی

میمنت میرصادقی (ذوالقدر)

برای آشنایی با سایر کتاب های "نشر بهار" از وب سایت این انتشارات دیدن فرمائید.

Bahar Books

www.baharbooks.com